kosmos bibliothek

Band 297

ICERIE
y'a bon..
BANANI
PILES
AZDA
CIPEL
FRIGÉ CRÈME

Wolfgang Bechtle

Provence und Camargue in Farbe

Ein Reiseführer für Naturfreunde

Kosmos
Gesellschaft der Naturfreunde
Franckh'sche Verlagshandlung
Stuttgart

Umschlag von Edgar Dambacher unter Verwendung eines Fotos von Wolfgang Bechtle
Das Bild zeigt Ockerfelsen bei Roussillon
Mit 52 Farbfotos. Aufnahmen vom Verfasser

Die Bände der Kosmos-Bibliothek erscheinen als Vierteljahres-Buchbeigaben der Monatshefte Kosmos – Bild unserer Welt

Für die Bezieher (Mitglieder) des Kosmos
bilden sie einen Bestandteil der Abonnementsleistung

Kosmos-Bibliothek 1978:
Band 297: Bechtle, Provence und Camargue in Farbe
Band 298: Kult, Kosmos-Pilzfibel
Band 299: Rüdt, Gift in der Nahrung
Band 300: Woitschach, Der Zufall läßt sich rechnen

Änderungen vorbehalten

Über Veröffentlichungen, Bedingungen und Leistungen des Kosmos
unterrichtet Sie jede Buchhandlung
oder die Hauptgeschäftsstelle des „Kosmos": Postfach 640, 7 Stuttgart 1

Bild 1 (Seite 2). Szene aus einem typischen provencalischen Ort (in diesem Fall aus Gordes).

Bild 2 (rechts). Blühender Mandelbaum mit Abendsonne. Dieses Bild wurde am Heiligen Abend des Jahres 1975 in den Alpilles bei Les Baux aufgenommen.

Franckh'sche Verlagshandlung, W. Keller & Co. Stuttgart / 1978

LH 14 hö / ISBN 3-440-00297-7 / Printed in Germany / Imprimé en Allemagne
Gesamtherstellung: Konrad Triltsch, Graphischer Betrieb, 87 Würzburg

Provence und Camargue in Farbe

Ein intimes und ein grandioses Land

Die Provence ist nicht einfach der französische Midi. Ihre Grenzen sind klar, vor allem im Süden: da ist das Meer. Auch im Osten: da sind die Gipfelkämme der Alpen. Im Westen, so bestimmt es die Geographie, bildet die Rhone (dort sagt man „der“ Rhone) die Grenze, obwohl man immer wieder versucht ist, das westlich der Rhone liegende Gebiet der Ardeche oder des Gard mit in die Provence hereinzuschmuggeln. Wenn dies auch die strengen Geographen ablehnen — der Tourist darf ruhig diese Landschaften, die sehenswert sind, auf seiner Reise durch die Provence mit eingemeinden. Im Norden bilden einige tief eingeschnittene Täler das Ende der Provence: Ubayette, Ubaye, die mittlere Durance bis Sisteron, Jabron und Aygues.
Man braucht aber nicht ängstlich auf die Karte zu blicken: Wer die Südautobahn herunterkommt oder die Route Napoleon und die ersten dunklen Silhouetten der Zypressen, den ersten silbergrün schimmernden Ölbaum, die ersten Lavendelfelder, Mandel- und Pfirsichgärten, die Macchiasträucher auf nacktem Fels erblickt, der weiß: Hier beginnt das gelobte Land für alle Menschen, denen die Natur mehr als Staffage und Hintergrund bedeutet.
Auch der Lärm und die Einsamkeit haben in der Provence ihre Zonen. Da ist die Stille der glazialen Alpen im Nordosten, der Trubel an der Küste, der Streß und die Geschäftigkeit im industrialisierten Tal der Rhone im Westen und dagegen wieder die Stille in den Bergzügen des Ostens.
Selbst die Natur der Provence zeigt große Gegensätze. Man kann versteckt zwischen den duftenden Sträuchern der Macchia sitzen, selbstverloren Blumen bestaunen, Schmetterlinge und Insekten beobachten, die Idylle genießen, man kann aber auch von einer anderen Landschaft unvermittelt ins Grandiose gerissen werden, überwältigt von einem Blick in gähnende Abgründe der großen Canyons, von der Gewalt weißschimmernder Felsen der Kalkmassive oder dem unendlichen Grün der von Urwald bedeckten Höhenzüge.
Die Provence (die Camargue leider nicht mehr) ist das rechte Land für Leute, die etwas entdecken wollen, die geistig Besitz ergreifen von „ihrem“ Stück Natur, in dem sie sich auskennen und das sie mögen. Jeder, der hier nicht nur mit dem Auto herumkurvt, sondern sich täglich einige Stunden lang in die Landschaft zu Fuß verliert, entdeckt so viele Plätze, die ihn glücklich machen, daß er sich noch nach Jahr-

Bild 3. Alte Steineiche aus dem Maurischen Gebirge. Bäume dieser Größe sind in der Provence selten, weil immer wieder Waldbrände wüten und die Vegetation neu beginnen muß. Übrigens wachsen die immergrünen Steineichen stets auf der wärmeren Südseite der Berghänge (mit der entsprechenden wärmeliebenden Vegetation), die Flaumeichen dagegen, deren Laubwerk im Winter dürr ist, findet man mehr auf den Nordhängen und in größerer Höhe.

zehnten an alle Einzelheiten erinnert. Deshalb soll dieses kleine Buch keine desillusionierenden Gebrauchsanweisungen geben, nach denen sich der Provencefahrer zu richten hätte; Naturfreunde brauchen keinen Baedecker, es genügt, einige Hinweise für eigene Unternehmungen zu geben. Es ist gar keine Frage, daß jeder, der einige Male dieses Land durchstreift hat, geradezu süchtig wird, „seine Plätze" immer wieder zu sehen und sie als alte Freunde zu begrüßen. Man hat seine Lieblingsfelsen, seine Privat-Höhlen, seine kleinen Seen, seine Fossilienfundplätze, man weiß auf den Meter genau, wo man zu Füßen des Mont Ventoux am 14. April die nur wenige Zentimeter große gelbe Narzisse (*Narcissus requienii*) blühend finden wird, es ist auch völlig klar, daß am 8. Mai auf der linken Seite des Baches bei Collobrière in den Bergen der Maures die Griechischen Landschildkröten auf ihren morgendlichen Sonnenplätzen sitzen. Selbstverständlich auch, daß man nach den Regenfällen im März auf den Mergelhängen von Carniol die Ammoniten handvollweise auflesen kann. Und ebenso sicher darf man sich darauf verlassen, daß sich auf dem einsamen Camp bei den Murren von Forcalquier am Abend jene Zwergohreule mit sanftem Ruf einstellen wird, die einen schon Jahre zuvor begrüßt hat. Das sind die kleinen Provence-Freuden, die einfach stattfinden müssen.

Die Berge, Höhenzüge und Massive in der Provence sind aus Kalken aufgebaut, bis auf zwei im Süden. Da ist zunächst im Nordwesten der Renommierberg Mont Ventoux, dann die dekorativen Dentelles de Montmirail, die Montagne de Lure und die Berge der Vaucluse, auch der „Colorado", die Ockerbrüche. Im Westen liegen die Montagnette und die berühmten Alpilles, im Zentrum der Luberon, die Ste. Victoire und der Etoile. Im Süden schließlich noch Ste. Baume, die beiden kristallinen Massive der Maures und des Esterel. Jeder dieser Höhenzüge ist für einige Exkursionen gut. Für Ihre erste Provencereise möchte ich Ihnen aber einige Tips geben, was Sie aus diesem großen Angebot herauspicken sollten.

Da ist erst einmal der Mont Ventoux, 1912 m hoch, gewissermaßen der Olymp der Provence. Er ist ein Aussichtsberg der ersten Klasse, zwar am Gipfel völlig kahl, doch auf etwa halber Höhe botanisch besonders interessant. Es blühen hier das Mont Cenis-Veilchen (*Viola cenisia*) und die am Mont Ventoux endemischen (nur hier vorkommenden) Schleifenblumen (*Iberis candolleana*), Nelken (*Dianthus rubacaulis*), der gelbe Rhätische Mohn (*Papaver rhaeticum*) und *Ranunculus seguieri.* Auch gibt es am Ventoux kleinere Bestände von Zedern. Selbst Trüffeln wachsen hier.

Empfehlen möchte ich auch einen ersten Pflichtbesuch der Alpilles. Das tausendjährige, leider vom Touristenrummel völlig zugedeckte Minnesängerdorf Les Baux ist allerdings für Naturfreunde nur insofern interessant, als an seinen Abhängen die seltene Blaumerle (*Monticola solitarius*) brütet. Auch Alpensegler (*Apus melba*), Felsentauben (*Columba livia*) und Nachtigallen (*Luscinia megarhynchos*) sind hier häufig. Für den Geologen sehenswert ist das Val d'Enfer, eine von Kalkfelsformationen übersäte, mit üppiger Vegetation überwachsene Schlucht. Die Alpilles sind

Bild 4. Diese bis zu 5 m hohen Steinstempel stehen in der Umgebung der Stadt Forcalquier. Sie werden „Lei Murre“ genannt.

aus Sedimenten gebildet und am Ende der Oberen Kreidezeit aufgetaucht. Es gibt versteinerte Muscheln in großen Platten, vor allem aber ist das Felsland um Les Baux der klassische Fundort für den Bauxit. Im Jahr 1822 entdeckten französische Wissenschaftler das aluminiumreiche Gestein, das den Namen nach Les Baux bekommen hat. Bei einer Fahrt an den südlichen Ausläufern der Alpilles vorbei, zwischen Maussanne und Fontvieille, bei Paradou, Aureilles und Eygalières stößt man auf dunkelrote Farbflecke im weißen Kalkgestein: die ehemaligen, schon ausgebeuteten Bauxitgruben. Neben den Bauxiten der verschiedensten Farbstufen von Gelb, Rot bis Rotbraun lassen sich hier verschiedene Eisenmineralien finden, Limonite von dunkelroter bis schwarzer Farbe, Oolithe aus stark eisenhaltigem Bauxit, ferner Kalzitkristalle, die von Eisenoxidhydraten rotbraun gefärbt sind.

Der Höhenzug des Luberon (1125 m hoch) ist für Baumfreunde ein besonders lohnendes Ziel. Eine wunderschöne Kammstraße (kaum befahren außerhalb der Feriensaison) führt durch einen Zedernwald, dessen mächtige Baumgestalten sehenswert sind. Dieser Zedernwald entstand aus einer forstlichen Anpflanzung: Im Jahr 1860 wurden einige Zedernzapfen aus dem Atlas hierher gebracht, und man wollte versuchen, echte Atlaszedern, die in ihrer Heimat selten geworden sind, hier anzupflanzen. Der Versuch gelang über Erwarten gut; aus den Samen von zehn Zedernzapfen ist dieser Wald entstanden, der sich heute selbst verjüngt. Außer seinem Zedernbestand ist der Luberon noch durch seine schönen und seltenen Tagfalter bekannt. Auch „Bories" gibt es hier, jene eigenartigen, ohne Mörtel aus Steinplatten geschichteten Hirtenhütten aus dem 16. Jahrhundert, die auf antike Vorbilder zurückgehen. Wer sich traut, kann in diesen runden Steinhütten auch einmal übernachten. Mehr als den Besuch einiger Siebenschläfer hat er nicht zu erwarten.

Falls es Ihre Ferienzeit erlaubt, sollten bei einem ersten flüchtigen Kennenlernen auch die beiden kristallinen, am Meer gelegenen Massive der Maures und des Esterel mit eingeschlossen sein. Hier gibt es, was in der Provence sonst eine Seltenheit ist, Wasser in kleinen Bächen und Seen. Und wo Wasser ist, da leben Lurche, blühen Orchideen, fliegen Schmetterlinge, da ist üppige Vegetation. Die Berge der Maures mit ihren Korkeichen und Eßkastanien sind ein ideales Wandergebiet; man kann, wenn der Wagen auf einem Parkplatz abgestellt ist, tagelang auf Entdekkungsreise gehen, ohne einem Menschen zu begegnen.

Nur eine Bitte zum Schluß: Sollten Sie, was wahrscheinlich ist, in dieser Gegend den Griechischen Landschildkröten oder gar der *Testudo hermanni robertmertensi* begegnen, so überwinden Sie sich. Lassen Sie die Tiere, von denen es ohnehin nicht mehr sehr viele gibt, hier in ihrem Lebensraum. Ich weiß, man ist versessen drauf, sich eines dieser Panzertiere als lebendes Souvenir in den heimatlichen Garten mitzunehmen — seien Sie ein guter Mensch, verzichten Sie drauf!

Bilder 5 – 8. Blumen am Mont Ventoux, dem „Olymp der Provence". Links oben der Turm der Wetterstation (1912 m hoch) in völlig kahler Umgebung. — Rechts oben: Rhätischer Mohn (blüht im April). — Links unten: eine entzückende, nur wenige Zentimeter hohe Narzisse (*Narcissus requienii*). — Rechts unten: das großblütige Mont Cenis-Veilchen.

Sonne, Regen und der Mistral

Natürlich lügen die Prospekte. Zwar sagen die Astronomen, der Provencehimmel sei der reinste von ganz Europa und das ist er auch — nur nicht immer. Das reine Azurblau auf den Provence-Postkarten gibt es wohl und das gibt es auch oft, doch kann der Himmel auch dick bewölkt, total regenverhangen sein, schwarz, wenn eines der berüchtigten Gewitter im Anzug ist oder grau, wenn der Sturm den Sand und Staub vor die Sonne wirbelt.

In Marseille regnet es fast soviel wie in Paris (540 zu 560 mm), in Cannes an der Cote d'Azur sogar mehr als im nördlichen Brest (814 zu 700 mm). Und trotzdem drängen sich die Pariser und die Heerscharen von ausländischen Gästen die Südautobahn hinunter, um im Sommer zuverlässig mit Hitze und Sonnenbrand versorgt zu werden. Dieser Wechsel von einem kalten, regenreichen Frühjahr zu einem heißen Sommer erklärt sich am Mittelmeer aus den jahreszeitlichen Schwankungen der heißtrockenen Luftmassen über der Wüste Sahara. Aus der Berührung dieser Wüstenluft mit der kalten Polarluft aus dem Norden rühren jene Störungen her, die in der Provence Regen bringen. Im Sommer schiebt sich die Saharawarmluft nach Norden vor und drängt die Regenfront bis nach Paris, wogegen dann in der Provence der blaue Himmel lacht, im Herbst und Frühjahr ist die Warmluft auf dem Rückzug und muß den Süden Frankreichs dem Nordwind und dem Regen überlassen. Und noch eine andere Spezialität hat die Provence aufzuweisen: Sie betrifft die Art der Niederschläge. Trotz der hohen Regenmengen, die man im Jahr hier im Süden registriert, regnet es seltener als anderswo. Es gibt hier keine wochenlangen Schnürlregen, die den Urlauber zur Verzweiflung bringen, sondern außerordentlich heftige Niederschläge und gewaltige Gewitter, wobei es wie aus Kübeln schüttet. Diese Schwerpunktregen schlagen bei der Statistik zu Buche, und die Prospekte können — diesmal ohne zu lügen — sagen, daß es in St. Raphael im Jahr 3000 Sonnenstunden gibt, in Brest dagegen nur 1730.

Man könnte jetzt glauben, daß das Wetter in der Provence brutal sei, heiß und regenträchtig in Intervallen, doch gibt es auch eine sehr milde Jahreszeit in diesen Breiten, die sich nur bei vielen unternehmungslustigen Naturfreunden noch nicht herumgesprochen hat: Das ist der Winter. Wenn wir es nicht selbst gesehen hätten, würden wir es nicht glauben: Wir waren über Weihnachten und Neujahr auf einem (übrigens wohlbesetzten) Campingplatz bei Cagnes sur Mer und sahen Leute, die

Bild 9. Diese so ernst dreinschauenden Steinsäulen bei Les Mees nennt man die „Penitents", die Büßer. Die Gegend ist ein gutes Schmetterlingsgebiet.

sich in die Meeresbrandung stürzten und diese Weihnachtsbadeabenteuer nicht nur lebend, sondern durchaus vergnügt bestanden. Die Ursache für diese überraschend freundlichen und milden Winter ist aber nicht nur die scheinbar alles erklärende Südlage des Gebietes; wenn man etwa an New York denkt, das auf einem Breitengrad mit Neapel liegt und jeden Winter von Blizzardstürmen heimgesucht wird, so muß man bei den Küsten der Provence nach anderen Erklärungen suchen. Es ist das Mittelmeer, das hier als Winterheizung wirkt und das die geologische Besonderheit hat, daß die Schwelle von Gibraltar nur 300 Meter tief ist und damit das Hereinströmen des kalten Atlantik-Tiefwassers (nur 1 bis 2 Grad plus) verhindert. Das Mittelmeer ist in 300 m Tiefe auch im Winter gute 13 Grad warm und erwärmt die kalten kontinentalen Luftmassen, die im Winter die Küste erreichen, ziemlich rasch.

Das regionale Klima der Provence und Camargue bringt zweimal im Jahr ein Regenmaximum; das erste im Herbst, dann regnet es nicht mehr bis zur zweiten Regenzeit im Frühling (Ende März bis weit in den April hinein).

Und noch eine Wetterspezialität hat die Provence zu bieten, diesmal eine unangenehme: den Mistral. Er ist am ganzen Mittelmeer der heftigste und spektakulärste aller Nordwinde, mögen sie nun Tra-

Bild 10. Dies ist klassische Provence-Landschaft: geometrische Lavendel- und Weinfelder um den gezackten Bergstock der besuchenswerten „Dentelles de Montmirail", die sich als Naturschutzgebiet geradezu anbieten.

Bild 11 (oben). Dieser See in den Bergen des Esterel ist eine kleine Kostbarkeit. Hier blühen Lavendel (*Lavandula stoechas*), Lupinen (*Lupinus angustifolius*), riesige Büsche von Baumheide (*Erica arborea*), Gelber Affodill (*Asphodeline lutea*), Zistrosen (*Cistus albus* und *C. monspeliensis*), Orchideen wie das Waldvögelein (*Cephalanthera longifolia*) und die rote Serapie (*Serapias vomeracea* und *S. neglecta*). An den Ufern des Sees huschen Smaragdeidechsen und die großen Perleidechsen, auch gibt es Laubfrösche und Kreuzkröten. Dieses kleine Paradies heißt „Lac de l'Avellan" und ist von der N 7 (Frejus nach La Napoule) aus zu erreichen. Man biegt bei km 12 auf eine Forststrasse nach links ab.

Bild 12 (rechts). Das ist das Felsenlabyrinth der Alpilles bei dem berühmten Minnesängerdorf Les Baux, nach dem auch der dort vorkommende Bauxit (zur Aluminiumgewinnung) genannt ist. Fossilienfreunde können hier große Platten mit der Muschel *Neithea* finden.

montana im Languedoc oder Bora an der Adria heißen. Am Ende des Winters und zu Frühlingsbeginn führt sich der Mistral am wüstesten auf, er rast mit über 100 Stundenkilometern das Rhonetal hinunter, tagelang (die Einheimischen sagen, er belästige und verwüste immer drei, sechs oder neun Tage das Land), er reißt die Blätter von den Bäumen, deckt Ziegeldächer ab, er wirft sogar Fahrzeuge um. Der Mistral ist eine rechte Plage in Südfrankreich, er kann alles Leben in den Dörfern ersterben lassen, weil sich kaum einer aus den Häusern traut. Auch die Bäume wenden sich mit Grausen vor diesem Wind; wenn man wissen will, wo in der Provence Süden ist, braucht man nur die Zypressen anzusehen — sie biegen und beugen sich alle mit der Richtung des Mistral. Im Rhonetal erreicht dieser Urlauberschreck etwa

in der Höhe von Donzère sein Maximum und fegt dann von dort in die Ebenen der Crau und der Camargue hinein, wo er kein Hindernis antrifft. Seine Gewalt nimmt aber von West nach Ost stark ab; die Küstengebirge bilden hier Windbarrieren; in Nizza spürt man schon keinen Mistral mehr.

Welche Reisezeit soll man nun Naturfreunden, die etwas sehen wollen, raten? Das ist sehr unterschiedlich, je nach den Neigungen. Es gibt Menschen, die den langen deutschen Winter mit seinem schwarzen Schnee nicht mehr aushalten können und sich nach blühender Vegetation und freundlichem Wetter sehnen. Für diese Leute ist ein Urlaub Ende Januar – Anfang Februar zu empfehlen, mitten in den gelben Jubel der Mimosenwälder hinein, während in den Gärten die Rosen noch und die Schwertlilien schon bald wieder blühen. Fossilienfreunde (siehe Kapitel über die Dinosaurier-Eier) fahren nach den heftigen Frühjahrsregen des April gen Süden, weil auch in der Provence die Ammonitensuche nach der Regenzeit am ergiebigsten ist. Tierfreunde, die etwas sehen wollen, kommen natürlich mit Vorliebe zur Vogelbrutzeit in die Camargue, also etwa in der zweiten Hälfte des April. Wer Reptilien in voller Aktion erleben will, kann Perleidechsen im Mai – Juni beobachten. Der Mai ist auch für Lurchspezialisten der richtige Reisemonat, wenn ich auch erzählen muß, daß mir nach dem berühmten Weihnachtsgottesdienst in Les Baux, wo die Schafhirten mit einem lebenden Lamm in die Kirche kommen, auf dem Rückweg mitten in der Heiligen Nacht zwei Kreuzkröten, die offenbar heiratslustig waren, über die Straße liefen. Solche Sachen sind schon eine Provencereise wert, wenn man sich vorstellt, daß zu Hause in Deutschland die Leute in dicken Mänteln und mit Triefnasen herumlaufen.

Noch eine Überlegung: Wenn Sie nicht (etwa wegen der Schulferien) unbedingt in den Sommerferien reisen müssen, dann meiden Sie diese Jahreszeit. Die Provence zeigt in den Monaten Juli und August nicht ihr wahres Gesicht, sie verliert ihre Ruhe und Einsamkeit, die jeden naturliebenden Menschen dort zum Robinson macht. Auch die Provence wird von Jahr zu Jahr leider immer mehr von solchen Leuten entdeckt, die eigentlich an der Cote d'Azur viel besser aufgehoben wären.

Ein europäisches Naturwunder: der Grand Verdon

Ein Weg durch glänzenden Buchs und duftende Macchia. Dann tiefblaue Lavendelfelder. Wir standen bei Maline am Rand der Verdon-Schlucht und sahen den Himmel: azurn, hoch und leicht. Es war Morgen, und es schrillten erst wenige Zikaden. Hinter uns hielt ein Auto auf der Panoramastraße. „Hast du den Schlüssel?“ fragte die Frau und ging voraus zum Felsen. An der abgewetzten Eisenstange, die das Leben vom Abgrund trennt, hielt sie sich fest und sah zurück zu ihrem Mann. „Du hättest deine Mütze aufsetzen sollen", sagte sie. Und dann sah sie aus Versehen in die Schlucht hinunter. Sie sprang einen Schritt zurück. „O Gott", flüsterte sie. Dann war sie still . . .

Nicht nur Amerika, auch das alte Europa hat seine grandiosen Landschaften. Man sollte einmal eine Liste aufstellen von jenen Naturdenkmälern, die der Naturfreund in Europa einfach gesehen haben muß: Ganz sicher rangierte die Große Schlucht des Verdon in der Provence auf einem der vordersten Plätze.

Nur einmal gibt es auf unserem Kontinent dies: eine 45 km lange Schlucht (von Castellane bis Aiguines), deren letzte 30 km den Canyon bilden, eine senkrecht abfallende, über 300 m tiefe Felsenspalte, die sich der Verdon-Fluß seit dem Ende der Kreidezeit in die Kalke des Malm, Dogger und Lias gefressen hat.

Mit dem Wagen kann man entweder von Moustiers Sainte-Marie die Verdon-Schlucht stromaufwärts oder von Castellane aus abwärts befahren. Wo man auch an einem der zahlreichen Aussichtspunkte hält und in die Tiefe blickt, man ist erschrocken und erregt von der absoluten Brutalität dieser Senkrechten; von zu Hause kennt man nur die braven V-Täler, die von zahmen Flüssen in die Landschaft geraspelt wurden; wenn es hoch kommt, gibt es hie und da mal eine kleine Felsklamm. Aber dies: 450 m Tiefe bei Samson, 350 m bei Mescla, 300 m bei Estélié, 320 m beim Imbut, 340 m beim Baou de la Quille — diese Zahlen sagen einem etwas, wenn man sich vorstellt, daß man den Stuttgarter Fernsehturm mit seinen 217 m bei der Samson-Engstelle des Grand Verdon zweimal hochkant hineinstellen könnte.

Wenn auch dieser einst reißende und unberechenbare Gebirgsfluß heute durch einige Talsperren einigermaßen gebändigt ist, gefährlich bleibt er immer. Irgendein Gewitter im Gebirge, im Bereich der Zuflüsse; und schon wird der Verdon zu einer Falle für jene Wanderer, die sich unten auf der Talsohle befinden. Und das sind nicht wenige, denn das eigentliche Abenteuer einer Begegnung mit der Verdon-Schlucht findet nicht auf der Autoroute hoch oben statt, sondern vielmehr am Grunde der Schlucht, zu dem immer wieder verschlungene Pfade hinunterführen. Ein Hinweis für interessierte und ambitionierte Naturfreunde, die keine bergsteigerische Erfahrung haben, aber doch in den Bauch des Verdon hinunter wollen: Am Point Sublime kann man mit dem Wagen bis auf halbe Höhe hinunterfahren und das Gefährt auf einem Parkplatz abstellen. Zu Fuß geht es nun einen ungefährlichen Trampelpfad hinunter (auch Kinder können ihn gehen) und man kann (Taschenlampe ist obligat) den sogenannten Martelpfad weitergehen, der zunächst durch einige finstere Tunnels führt, die einst von der Elektrizitätsgesellschaft hier in den Fels geschlagen wurden, als man einmal den ganzen Canyon fluten wollte. Man staunt, welch üppige Vegetation sich hier unten am Verdon-Fluß angesiedelt hat:

Zwischen den Buchsbüschen stehen Steineichen, Haselnuß, Sanddorn, kurznadelige Kiefern, im Sommer leuchten die gelben Königskerzen, rote Mariendisteln und die schaumig-rosafarbenen Blütenstände des Perückenstrauchs.
Trockenen Fußes kommt man hier nicht allzu weit. So hat sich hier das sogenannte „amphibische Wandern" bewährt, das besonders von sportlichen jungen Leuten betrieben wird, die sich die Schlucht im Tauchanzug teils erwandern und erklettern, teils erschwimmen. Außer diesen Wanderschwimmern wagen sich aber auch Leute mit dem Kanu oder Kajak den Verdon hinunter. Wer ähnliches vorhat, dem sei geraten, sich vor einem solchen Unternehmen den Verdon-Führer von ROGER VERDEGEN zu kaufen, der an jedem Andenkenstand, an jeder Tankstelle der Gegend zu haben ist. VERDEGEN hat in über 400 Farbfotos jeden Felsen, jede Furt, jede Untiefe, jeden Strudel, jede Höhlung in der Verdonschlucht aufgezeichnet und (mit seinem Fotoapparat schwimmend) festgehalten.
Vor VERDEGEN haben aber schon andere Männer ihr Leben für dieses kleine Stück Geographie riskiert. So E. A. MARTEL, nach dem der Martelpfad benannt ist, ein berühmter Geologe und Höhlenforscher, der mit seinem Begleiter ISIDORE BLANC als erster den Grand Canyon durchquert hat; im Kostüm seiner Zeit versteht sich, im Gehrock und mit steifer Melone. Nach ihm wagten sich der Bergführer MAUREL, dann der Abt PASCAL (der hier ertrank) sowie Dr. GUELTON, der als erster den Canyon des Nebenflusses Artuby bezwang und der Ingenieur VIDAL, dem die Trasse der „Hohen Corniche" zu verdanken ist, dorthin. Auch die Leute des T. C. F., des französischen Touringclubs, müssen hier erwähnt werden: Sie markierten die Wanderwege mit dem berühmt gewordenen rotweißen Zeichen.
Auch Fossilien fand man hier. Ammoniten bei La Palude, Reptilien und fossile Fische in Aiguines. Der Jurakalk enthält Cephalopoden, Mollusken, Schildkröten, Krokodilarten. Auch das Gebiet der heutigen Provence war während 125 Millionen Jahren unter einem Meer verschwunden, nur die kristallinen Bergzüge der Maures, des Estérel, Mercantour und des Pelvoux blieben trocken. Während der Trias lagerte das Meer in der Umgebung des Canyons rauhe, dolomitische Kalkschichten ab, die man heute bei Castellane sehen kann. Im Jura war das Meer hier nur flach und ermöglichte die Bildung von Korallenstöcken. In diesen Kalkstein grub der Verdon sein Flußbett. Die spätere Erhebung der Alpen drängte das Meer nach Süden ab, es bildeten sich Bergströme, die Felsbrocken in die Bodensenken rollten. Der Verdon stürzte damals vom Allos-See herunter und übersprang in gewaltigen Kaskaden die Felsbarrieren, er höhlte die Schluchten von Allos, Colmars und Brancha aus. Gletscher, die bis St. Julien reichten, erweiterten mit Hochwassern die Risse, sie ließen

Bild 13. So tief geht es hinab in die Schlucht des Grand Verdon, daß man den Stuttgarter Fernsehturm zweimal hochkant hineinstellen könnte.

Felswände stürzen und unterirdische Gewölbe zusammenbrechen. So bildete sich langsam der Canyon.
Der Verdon-Fluß ist „antezedent" (=vorher da), was geologisch soviel bedeutet, daß er schon vor der Bildung der Alpen vorhanden war, wobei offenbleiben muß, ob er damals oberirdisch oder unterirdisch floß. Sicher ist, daß der Fluß immer wieder von unterirdischen Karstströmen angezapft wurde. Heute zeigt eine Begehung der Talsohle alle nur denkbaren Erscheinungen, die Wasser auf Kalkstein erzeugen kann: Strudeltöpfe, die rotierendes Wasser, das kantiges Steinmaterial mitführte, aus dem Grundstein herausgeschliffen hat, man kommt auch an vielen Höhlungen, die hier „Baumes" genannt werden, vorbei; meist sind dies die Mündungen ehemaliger unterirdischer Wasserläufe.
Bevor der Verdon mit einigen Talsperren gezähmt worden ist, hat es hier im Frühjahr und im Herbst, wenn in der Provence große Regen und Gewitter niedergehen, bedeutende Hochwasser gegeben. Eine Ruine in der Ebene von Quinson erinnert noch an die Katastrophe vom November 1651, als der Fluß 1400 Kubikmeter Wasser in jeder Sekunde durch den Canyon jagte. Zwar sind solche Springfluten heute nicht mehr zu erwarten, doch ist der auf vielen Warnungstafeln angebrachte Hinweis unbedingt beachtenswert: Niemand soll sich länger als nötig bei Wanderungen in der Talsohle an Stellen aufhalten (etwa picknicken), die keinen Rückzug nach oben erlauben. Niemand soll allein gehen. Keiner sich aus der Rufweite seiner Gefährten entfernen. Es ist erstaunlich, auf welch kurze Distanz ein menschlicher Schrei hier unten nur zu hören ist. Von Leuten, die den Verdon amphibisch bezwungen haben, werden noch andere Belastungen angeführt, die am menschlichen Nervenkostüm nagen. So die ewige Dämmerung zwischen engen Felswänden, dann wieder grelle Beleuchtungen, oft starke Echogeräusche, manchmal unangenehme Lautlosigkeit, von den Gefahren des Steinschlags, der Stromschnellen und Siphons, der Fels- und Schwemmholzlabyrinthe ganz zu schweigen. Kein Zweifel: Wer die Gorges du Verdon überwunden hat, ist nicht mehr derselbe Mensch.
Für Leute, die es kommode haben wollen, hält die Provence aber noch andere Schluchten bereit, die sich gemütlich im Auto erwandern lassen, eine Fortbewegungsart, die sich leider immer mehr durchsetzt. Nordöstlich vom Verdon sind die Gorges du Daluis (vom Wintersportplatz Valberg aus auf der D 28 nach Guillaumes), dessen Wände aus leuchtendrotem Schiefer bestehen, auf dem sich die grüne Vegetation kontrastreich abhebt. Noch romantischer als der Daluis geben sich die Gorges du Cians, nur wenige Kilometer entfernt und gleichfalls rot gefärbt. Der schäumende Wildbach ist ein Dorado für Forellenangler.
Apropos Forellen: Die Speisekarten der Gaststätten rings um die großen Schluchten der Provence beweisen, wie sauber das Wasser der Flüsse dieser Gegend ist. Der Verdon hat sogar Güteklasse eins. Überall in den Restaurants werden Forellen und Krebse als Spezialität der Region angeboten. Zu den „Ecrevisses à l'américaine"

Bild 14. Am Ausgang der Verdon-Schlucht staut sich das Wasser des Flußes im See St. Croix (Hintergrund), der sich wohl bald zu einer Touristenattraktion mausern wird.

(eigentlich müßte es „armoricaine" heißen, weil das Rezept aus der Bretagne stammt), einem Krebsgericht in scharfer, rosafarbener Tunke, liefert der Ober ohne Anforderung einen überdimensionalen Schlabberlatz.

Bild 15. Malerisch an diesem kleinen Baggersee liegen die Mergelhänge von Carniol, von denen man die Ammoniten und Belemniten nur abzulesen braucht.

Ach du dickes Dinosaurier-Ei!

Das ist eine sehr legere Überschrift, ich weiß; aber sie ist wissenschaftlich gesichert und gibt präzise Antwort, woran die Dinosaurier in der Kreidezeit der Provence ausgestorben sind. Dies ist ein Kapitel für Fossilienfreunde unter den Südfrankreich-Fahrern, und ich möchte, bevor ich hinter der vorgehaltenen Hand einige Tips zum Selbersammeln gebe, einen der wenigen Museumsbesuche vorschlagen, die in der Provence nötig sind. Dieser hier, in der schönen Stadt Aix-en-Provence zu Füßen der prächtigen, von Cézanne so oft gemalten Bergstöcke der St. Victoire, ist für jeden Fossilienfreund obligat.

Das Hotel Boyer d'Eguilles beherbergt das Museum für Naturgeschichte (Musée d'Histoire naturelle — Sonntagvormittag, Montag und an Feiertagen geschlossen), das schon deshalb sehenswert ist, weil es solche Uralt-Rumpelkammermuseen heute in Europa kaum mehr gibt. Es ist einfach querbeet alles zusammengetragen, was aufzutreiben war, und das war nichts von Belang, bis vor wenigen Jahren eine Weltsensation hier Einzug hielt: Es sind zahlreiche Eier von Dinosauriern in Kokosnuß- bis gut Kinderkopfgröße, die man fossiliert in der Nähe von Roques-Hautes am Südabhang der St. Victoire gefunden hat. Damals bestanden dort einige Seen, in denen sich reichlich Sedimente ablagerten; am Ufer der Sümpfe weideten die großen Dinosaurier eine Vegetation aus Gräsern und Blattpflanzen von seltener Üppigkeit ab. Wissenschaftler haben ausgerechnet, daß jedes dieser Landreptile pro Tag eine Nahrungsmenge von 300 kg zu sich genommen hat (ein Elefant ist mit etwa 35 kg zufrieden). Die Weibchen legten ihre Eier an den Seeufern ab, und man war lange Zeit nicht ganz klar, woran es gelegen hat, daß diese Reptilienriesen ausgestorben sind. Waren es die fleischfressenden Megalosaurier und Krokodile, die es damals gleichfalls gab, die den Dinosauriern den Garaus machten? Heute nimmt man an, daß es eine Klimaänderung, eine Abkühlung war, die diesen Tieren das Leben schwermachte. Und tatsächlich sieht man an den Eigelegen (Untere Kreide, etwa

Bild 16. Diese Stücke habe ich in Carniol binnen einer knappen halben Stunde aufgesammelt: **1** *Eotetragonites sp.*, **2** *Kossmatia sp.*, **3** *Dufrenoya dufrenoyi*, **4** *Megalytoceras coronatum*, **5** *Acenoceras nisus*, **6** Schnecke *Diatinostoma sp.*, **7** *Neocomites neocomiensis*, **8** *Hypacanthoplites cf. elegans*. Viele der Carniol-Fossilien tragen kleine Pyritwürfel.

Bild 17. Der Fundplatz von Céreste. Auf diesen millimeterdünnen Kalkplatten finden sich Fische, Insekten, Vogelfedern, Pflanzenblätter.

127 Millionen Jahre alt) der Dinosaurier, daß sich die Eischalen zunehmend verdickten, was als Folge der immer kühler werdenden Witterung angesehen wird. Die Dinosaurierjungen konnten am Ende diese dicken Eischalen nicht mehr durchbrechen und blieben stecken. Ob diese Theorie stimmt, sei dahingestellt; es gibt auch noch die Ansicht, daß die Eischalen dünner und poröser geworden und die Jungtiere im Ei vertrocknet seien. Nun — dabei war niemand.

Doch nun zur praktischen Seite des Fossiliensammelns. Wie jeder weiß, ist es eine sehr zweischneidige Sache, Fundplätze bekanntzugeben. Zu oft passiert es leider, daß sie nicht nur abgesammelt (was oft nicht schaden würde), sondern regelrecht demoliert werden. Meist aus purem Sammlerneid. Wer nachkommt, soll nichts mehr finden. Ich hoffe, daß man es unter Naturfreunden wagen kann, diesen oder jenen fündigen Platz zu nennen, ohne daß sich deutsche Fossiliensammler im Ausland wie die Hunnen benehmen.

In der Provence gibt es eine Menge Fundplätze für Fossilien, bekannte und unbekannte. Immer wieder erscheinen Leute mit geologischen Kenntnissen und dem bekannten „Riecher", die ihren Privatfundplatz entdecken und ihn geheimhalten. Dies

Bild 18. So hervorragend erhalten sind die Fossilien von Céreste. Hier ein Fisch der Gattung *Smerdis*. Er stammt aus dem Oligozän (Tertiär).

ist in Südfrankreich durchaus zu machen, weil die Einheimischen sich kaum mit der Fossiliensuche befassen. Zwar gibt es da und dort einen skurrilen Mann, der sich mitten in einem kleinen Dorf eine Sammlung oder gar ein kleines „Museum" aufgebaut hat (wie etwa der 1976 verstorbene, mit seinem großen Namensvetter nicht verwandte M. Fabre in Montfuron), doch hat man als Sammler mit den Ortsansässigen kaum Schwierigkeiten, weil sie die Sache einfach nicht interessiert. Es sei denn, die Grabarbeiten fänden auf ihrem eigenen Grund und Boden statt. Da ist Absprache nötig.

Hinweis Nummer eins: ein Fundplatz von Ammoniten verschiedener Arten, von zahllosen Belemniten und von Turmschnecken. Die Fossilien finden sich in einem Aufschluß aus der Zeit der Unteren Kreide, sie sind also zwischen 105 und 137 Millionen Jahre alt. Die französische Voralpenzone gehörte damals zum Meeresteil des subalpin-helvetischen Trogs, eines Senkungsgebietes, in dem sich mehr als 1500 Meter mächtige fossilreiche Schichten, vorwiegend Mergel, ablagerten. Im Lauf der Unterkreide schob sich ein Meeresarm von der Rhone-Senke bis gegen England vor und schuf so eine Verbindung mit dem südbaltischen Teil des Kreidemeeres. Man bewegt sich also an diesem Fundplatz auf dem Boden des einstigen tertiären Meeres.

Der Ort, den man ansteuern muß, heißt Carniol, ein einsamer Weiler, in dem wenige Menschen, mehr Ziegen und Schafe leben und der zwischen den Bergzügen der Montagne de Lure im Norden und der Montaigne de Luberon im Süden liegt. Wenn Sie in Avignon von der Autobahn gehen und sich ostwärts nach Apt und Forcalquier wenden, sind Sie nicht mehr weit von Carniol; Sie merken es, wenn Sie sich dem Ort nähern: Zu beiden Seiten der Straße tauchen jene hellgrauen, mergeligen Kleinschutthänge auf, die allesamt fossilträchtig sind. Der meistbesuchte Fundort gleich neben der Straße ist auch der malerischste: ein ehemaliger Baggersee zu Füßen von Mergelhängen, in denen man ohne jede Gefährdung mit Kind und Kegel herumkraxeln und auf Fossiliensuche gehen kann. Am besten kontrolliert man erst die vom Regenwasser in den Hang eingefressenen Talsohlen, da sich hier die meisten, oft auch größeren Ammoniten eingeschwemmt haben. Die Hänge selbst sind übersät mit beinfarbenen Belemniten und Kleinammoniten, bei denen man meist erst beim späteren Waschen sieht, wie ausgezeichnet erhalten sie sind.

Wie bei uns zu Hause, ist auch dieser provenzalische Aufschluß am ertragreichsten, wenn man (möglichst als erster) nach den heftigen Regenfällen des Frühjahrs erscheint, wo der Berg abgewaschen wird und seine Fülle von Fossilien auf der Oberfläche zum Vorschein kommen. In der Provence regnet es besonders im Januar, Februar und März, der April wäre eine gute Zeit für eine Reise nach Carniol. Im Sommer muß man mit größeren Scharen von Fossilienfreunden rechnen. Aber auch da findet man noch genug, wenn auch nicht in einer Größe, die sich für den häuslichen Kaminsims eignet, so doch Ammoniten von der Größe eines Zehnpfennigstücks (selten auch größere). Viele Stücke zeigen in der Lupenvergrößerung einen glitzernden Rasen von Pyritkristallen. Eine Bitte noch: Sammeln Sie bitte nur knapp soviel, wie Sie selber für Ihre Sammlung brauchen, also nicht etwa 50 Stück einer Ammonitenart. Dies hier ist zwar ein ziemlich unerschöpfliches Gebiet, aber nach Ihnen kommende Fossilienfreunde wollen auch noch Finderglück haben.

Der zweite Fundort liegt nicht weit von Carniol, ist aber doch von ganz anderer Art. Zum ersten liegt er auf privatem Bauerngrund, und man muß sich mit den Besitzern, die allerdings sehr freundliche Leute sind, verständigen. Zum zweiten liegen an dieser Fundstelle die Fossilien nicht einfach auf dem Boden herum wie in Carniol, und man muß etwas Fleiß und Geduld aufbringen, um zu Funden zu kommen. Dafür aber sind hier Spezialitäten zu bergen, die jeder Amateur-Fossiliensammlung Ehre machen.

Der Ort heißt Céreste. Wer aus Richtung Apt kommt, trifft kurz vor dieser Ortschaft auf eine kleine Brücke, die über das Flüßchen Coulon führt. Nach dieser Brücke biegt man gleich in die erste Straße nach rechts ein. Dies ist ein nur teilweise befestigter landwirtschaftlicher Weg, der erst zu einem, dann nach einem halben Kilo-

Bild 19. Gefunden bei Les Baux in den Alpilles: die Muschel *Neithea*.

meter zu einem zweiten Bauerngehöft führt, das „Mas de la France“ heißt und aus einigen aneinandergehängten Bauten besteht. Hier sollte man den Wagen abstellen und (mehr oder weniger gut französisch) nach dem etwa 14 Jahre alten Serge Nalet fragen. Serge hat eine höchst sehenswerte Sammlung von Fossilien aus dieser Gegend und er ist gern bereit, einzelne Gäste (keine Omnibusbesatzungen) zum Fundplatz zu führen. Wir, die wir nicht sammelten, sondern nur fotografieren wollten, gaben Serge zehn Francs (=5 DM) Trinkgeld, was ihn zufriedenstellte. Dafür zeigte er uns seine „Collection“ von selbstgesammelten Fundstücken, bei deren Anblick wir gelb vor Neid wurden. Serge hat sein „Museum“ in einer Kiste untergebracht, die Funde auf Pappe geklebt und richtig beschriftet, daß dies alles aus dem mittleren Oligozän (Alttertiär) stamme. Er stellte uns die dünnen Kalkplatten ins Licht eines besonnten Mauervorsprungs, und wir erkannten in vorzüglicher Erhaltung Fische in allen Formen und Größen (bis über 20 cm lang), Insekten (sehr gut erhaltene Mücken und Fliegen), dann Käfer, Würmer, Pflanzenblätter und Vogelfedern mit allen zarten Details.

Klar, daß wir nun nicht mehr zu halten waren und zur Fundstelle wollten. Serge stieg auf sein Motorrad, wir ins Auto, und wir fuhren solange, bis wir im Schlamm

steckten. Ungerührt eilten wir zu Fuß weiter über eine mit einem blättrigen, hellen Kalkstein bedeckte Ebene, dann zu einem kleinen Tal, dessen Wände ganz aus diesem oligozänen Plattenkalk bestehen.
Hier nun kann (wie auch noch in der näheren und weiteren Umgebung) gearbeitet werden: Man muß die Platten mit Gefühl und einem (an der Schneide möglichst abgerundeten) Meißel spalten und Blatt für Blatt kontrollieren. Es ist, als lese man in einem Buch, als schlage man im Alttertiär nach. Es ist dabei ziemlich gleichgültig, ob man sich selber neue Platten aus der Wand holt oder die vielen, von früheren Sammlern liegengelassenen Platten nimmt: Die begehrten fossilen Fische können hier und dort plötzlich auftauchen. Auch hier die Bitte: Wollen Sie nicht die Besitzer veranlassen, den Fundplatz für Besucher zu sperren, arbeiten Sie sorgsam und zerstören Sie nichts. Es genügt, die schon am Boden liegenden Platten vorsichtig weiterzuspalten — wenn Sie das einen Vormittag lang fleißig tun, gehen Sie wahrscheinlich nicht ohne ein fossiles Souvenir nach Hause.
Der dritte Hinweis betrifft wieder einen Fundplatz aus der Kreidezeit, und er findet sich an einem in der Provence hochberühmten und unglaublich frequentierten Platz: bei dem berühmten ehemaligen Minnesängerdorf Les Baux in den Bergen der Alpilles, von der Stadt Arles aus über die Strecke Montmajour leicht zu erreichen. Wir sprachen an anderer Stelle über die Bauxitvorkommen dieses Platzes; hier nur die Mitteilung, daß es in der Umgebung von Les Baux Massenvorkommen der Muschel *Neithea* (Untere Kreide) gibt, die oft große Platten völlig bedeckt und auch sehr gut erhalten ist. Besonders zu Füßen der malerischen Felsen des Val d'enfer (Richtung St. Remy) sind die Muscheln (auch in kleinen Stücken) zu finden. Wer sie suchen geht, hat seinen Tribut zu zahlen: die ganze Gegend ist mit dem Stechginster *Calycotome spinosa* bewachsen, dessen Stacheln jede Bluejeans oder Manchesterhose leicht und schmerzlich durchstechen. Wer hier sucht, gibt Blut für Fossilien.

Der Colorado der Provence

Falls Sie Naturfotograf sind, möchte ich Sie warnen. Es wird Ihnen gehen wie mir: Jedesmal, wenn ich zwischen Rustrel und Gignac das rotglühende Zauberland betrete, nehme ich mir vor, vernünftig zu sein und nicht mehr als fünfzig Aufnahmen zu verschwenden. Aber es hat noch nie etwas genützt. Der Filmvorrat schmilzt dahin. Man wird einfach farbenverrückt.
Bevor wir ins Schwelgen kommen, noch kurz die touristische Information: Wir ver-

Bild 20. Dies ist die Attraktion des Naturgeschichtlichen Museums von Aix en Provence: Eier von Dinosauriern, die am Fuß der St. Victoire gefunden worden sind. Die Dinger sind größer als Kokosnüsse.

lassen die Rhone-Südautobahn bei Cavaillon und fahren auf der Straße von Avignon nach Apt. Diese folgt dem Tal des Coulon, eingebettet in das Plateau de Vaucluse im Norden und dem Luberon-Gebirge im Süden. Die Stadt Apt, schon zu Cäsars Zeiten Provinzmetropole, ist seit langer Zeit das Weltzentrum für die Ockergewinnung; die Vorkommen dieses blutrot gefärbten Sandes liegen von Apt aus im Nordwesten nahe bei Roussillon und im Nordwesten zwischen Rustrel und Gignac. Ocker — das ist ein Gemisch aus Brauneisenerz (Limonit), rotem Hämatit, Ton, Quarzsand und Kalk. Das Eisenoxid gibt dem Ocker seine Farben, ein grelles Safrangelb, ein strahlendes Karmesin und Zinnober, bis zu einem dunklen Weinrot und einem glühenden Violett. Die Ockerbrüche, die wie glühende Wunden in der grünen Vegetation der Landschaft liegen, sind tonig-sandige Formationen, die sich vom Regen auswaschen lassen und oft abenteuerliche Formen bilden, manchmal scharfe Grate, oft schroffe Spitzen, tief eingeschnittene Regenfurchen, auch sanfte Hügel und bizarr verbackene Trümmerfelder. Die Franzosen nennen diese Ockerlandschaft ihren „Colorado“, und sie übertreiben damit nur, was die Ausmaße angeht: Anders als beim amerikanischen Vetter erheben sich die Gipfel dieser rostroten Schroffen selten über 30 m und lassen sich auch von alpinen Laien ohne Schwierigkeiten besteigen und begehen. Für Kinder ist das ein einziges Sandparadies.

Ocker ist eine von der Natur schon seit Jahrtausenden gespendete Farbe. Schon die Jungsteinzeitleute haben mit diesem Pigment ihre Fels- und Höhlenmalereien koloriert, und man kann sich vorstellen, daß diese kräftige, schöne Farbe schon früh ein Handels- und Tauschobjekt gewesen ist. Allein schon deshalb, weil auch die Damen schon sehr früh das Ockerrot als Lippen- und Wangenfarbe, das Ockergelb als Gesichtspuder entdeckt haben. Noch heute bevorzugen Maler, die ihre Farben noch selbst anrühren, den Naturocker aus Apt wegen seiner Leuchtkraft und Beständigkeit. Und nicht zuletzt wurde diese warme, sonnenfrohe Farbe zum Verputzen der Häuser verwendet. Die Ortschaft Roussillon ist eine Rhapsodie in

Bild 21. Das sind die Ockerbrüche des provencalischen „Colorado“ bei Apt und Roussillon.

Ockerbraun, besonders auffällig, da die Häuser auch noch auf einem farbenglühenden Ockerfelsen stehen.
Bis 1969 war Frankreich mit der Ausbeute aus diesen Brüchen in der Vaucluse der größte Ockererzeuger der Welt, und die Leute aus den Städtchen und den Dörfern um Apt, Roussillon, Rustrel und Gignac lebten von der Arbeit der reinen Destillation der braunroten Farbe aus den Sanden der Brüche. Heute ernährt der Ocker-Job nur noch wenige; zwei Mann arbeiten noch in einer der letzten noch nicht verlassenen Anlagen, doch besteht gerade in der letzten Zeit die Hoffnung, daß sich diese Belegschaft um hundert Prozent vermehren kann: Es werden vier Mann sein, die künftig die Nachfrage nach dem farbigen Pulver befriedigen.
Die Ursache des Niedergangs der provencalischen Produktion an Natur-Ocker war nicht Qualitätsmangel, im Gegenteil. Nur das Auftauchen eines tödlich billig anbietenden Gegners, nämlich der chemischen Industrie, die künstlichen Ocker auf den Markt warf, machte die Gestehungskosten des Naturockers unrentabel. Wenn in den besten Zeiten aus den südfranzösischen Ockerbrüchen einige tausend Tonnen reiner Ockerfarbe in die Welt gingen, so kann man heute gerade noch um die hundert Tonnen unter die Leute bringen. Und dies auch nur in kleinen Portionen für Kunden, die „nostalgische Naturqualität" schätzen, etwa Künstler und Architekten, — die große Masse billiger Industriefarbe bestimmt heute den Markt.
Das technische Prinzip, reinen Ocker aus den sandigen Steinbrüchen zu gewinnen, ist uralt und dürfte in ähnlicher Form, wie das heute geschieht, schon zur Steinzeit angewendet worden sein. Die sandige Erde muß zunächst gewaschen werden, sei es, daß man dies durch Wasserrohre bewirkt, die man an eine Ockerwand legt und den roten Sand herunterwaschen läßt, oder aber, daß man das Ausgangsprodukt locker schaufelt und direkt ins fließende Wasser wirft. Die rote Brühe wird nun durch einige Überlaufkanäle in verschiedene Absatzbecken geleitet, wo der unerwünschte Sand sich auf dem Boden absetzt, der farbige Ton und das Eisenoxid aber an der Wasseroberfläche weiterschwimmt und sich erst im letzten Becken als reines Ockerkonzentrat festsetzt. Man läßt nun diesen Ockerschlamm austrocknen und schneidet ihn später in viereckige Stücke wie Lehmziegel. Das Endprodukt wird dann durch Zerstoßen und Aussieben gewonnen: ein reiner Ocker, der so ergiebig ist, daß man mit einer Tonne dieses Materials eine Stadt einfärben könnte. Es besteht übrigens Anlaß, auf ein Schild in einer dieser noch betriebenen Gruben hinzuweisen, das den Besucher bittet, die Anlagen nicht zu demolieren und nichts vom mühsam erarbeiteten Material mitzunehmen. Wer ein ockerrotes Souvenir möchte, kann es überall hier — im Naturzustand — vom Boden aufklauben.
Hier, angesichts dieses provencalischen Colorados, entscheidet es sich, wes Geistes Kind der fotografierende Besucher ist. Es gibt Leute, die ihren Wagen auf der Straße D 22 kurz anhalten, hinüber zum nächsten Ockerberg rennen und ein kleines Fotogewitter veranstalten. Es kann's natürlich jeder halten, wie er's will; wer es aber wis-

Bild 22. Mitten durch die gelbe, weiße, rote und braune Ockerlandschaft führen Wanderwege. Für Naturfotografen ist hier ein Dorado.

sen möchte und sich das Abbilden solcher Naturdenkmale nicht so leicht macht, dem rate ich, mindestens einen halben Tag zu opfern, den Kamerakram in einen Rucksack zu verstauen (man kann auf diese Weise viel leichter herumkraxeln, dazu noch, wenn man ein Einbeinstativ als Bergstock benutzt) und südlich des Dorfes Gignac dem Fußweg G. R. 6 entlang der roten und weißen Markierung auf der rechten Seite zu folgen. Wer nur wandert und staunt, braucht für den Gang durchs rote

Zauberland reichliche vier Stunden. Wer aber mit der Kamera malen will, wem es wohltut, auf der Mattscheibe seines Apparates weiße Gräser vor rotglühenden Wänden, den Abdruck des Stiefels zwischen blühenden Erikabüschen, im Frühjahr die Frische schneeweißer Kirschbäume auf rotem Grund zu sehen, der opfert hier gern von der teuren Ferienzeit.
Gummistiefel, die man nach der Exkursion ausziehen kann, empfehlen sich für den Ausflug. Aus Halbschuhen geht der rote Staub nicht mehr raus, und der ganze Wagenboden färbt sich ein. Beim Niederknien für Nahaufnahmen oder bei einem Picknick im Sitzen darf man später die Hose für den Rest des Urlaubs abschreiben; die Ockerfarbe ist haltbar und die Hose muß in die Reinigung. Aber das nimmt man in Kauf.
Ich habe jedenfalls nur milde gelächelt, als meine Frau, die hinter mir einen Ockerberg hinanstieg, zu mir sagte: „Du hast einen Hintern wie ein Pavian." Ockerrot eben.

Blaue Straße des Lavendels

„Route de Lavande" heißt eine Straße im Herzen der Provence. Sie führt von Sault, der Hauptstadt des Lavendels, über Banon – Forcalquier – Oraison – Valensole – Riez – Moustiers Ste. Marie bis in die Gegend von Grasse, der Hauptstadt der Parfüme. Wenn Dichter vom Duft der Provence sprechen, meinen sie den süßen Hauch des Lavendels, der aus den langen Feldern mit den überaus graphisch angeordneten Pflanzenbüschen kommt. „Ein gutes Lavendelfeld", so sagen die südfranzösischen Bauern, „ist besser als ein Feld voller Weizen", und sie haben gerade heute recht mit diesem Spruch. Denn dem Lavendelanbau (und dem in vollen Touren anlaufenden Boom der Zweitwohnungen auf dem Lande) ist es zu verdanken, daß die Landflucht, die Abwanderung in die Stadt, nicht überhand nimmt.
Lavendel, das ist nicht nur ein Duftwässerchen für ältere Damen, nicht nur Aromabeutelchen im Wäscheschrank. Lavendelgeist lindert Rheuma und Husten, Lavendelblütentee hilft beim Einschlafen, ein Bad mit Lavendel besänftigt unruhige Geister. Und schließlich verscheucht Lavendel Wühlmäuse und Maulwürfe, nicht zuletzt macht er die gelben Zähne der Hasen schneeweiß. Als Provence-Fahrer auf der Lavendelstraße ist man nicht nur begeistert über das blauschimmernde Land, man weiß auch den überall angebotenen Lavendelhonig zu schätzen. Die Imker stellen ihre Bienenkörbe mitten ins Lavendelland und ernten einen hocharomatischen Honig, der im Kühlen ganz weiß kristallisiert.

Bild 23. Blaue, duftende Felder entlang der „Route de Lavande“, unterbrochen von Hecken gelben Ginsters.

Etwa zwanzig Lavendelarten wachsen rings ums Mittelmeer (eine besonders großblütige Art, *Lavandula stoechas,* wächst wild im Maurischen Gebirge). Alle Lavendelarten brauchen Kalkboden; sonst sind sie recht unempfindlich und wachsen noch in (auch in der Provence oft unwirtlichen) Höhen von über 800 Metern. Für den Kulturanbau sind zwei Arten von Bedeutung: der Echte Lavendel (*Lavandula officinalis*) und der sogenannte Speik-Lavendel (*L. spica*), der bei uns in Deutschland als Arzneipflanze angebaut wird. Diese beiden Lavendelarten hat man gekreuzt

Bild 24. Ein Kultur-Lavendel in voller Blüte. Geerntet wird im August, wenn das leuchtende Blau in ein Blaugrau übergegangen ist.

und eine Hybride hervorgebracht — den Lavandin. Geerntet wird im August, wenn das strahlende Blau in ein Blaugrau übergeht, ein Zeichen der Überreife und das Stadium höchsten Duftes. Die Erntekolonnen arbeiten immer noch wie früher mit der Sichel und teilen sich den Erlös; für den Hektar abgeernteter Lavendelfelder bekommen sie 150 bis 200 DM.

Das älteste Destillierverfahren (es gibt noch 22 Destillerien mit etwa 1800 Beschäftigten) ist das mit dem Wasserdampf. Der Dampf entzieht dem Pflanzenmaterial die Grundstoffe, wird dann abgekühlt, kondensiert und gibt das ätherische Öl frei. Modernere Verfahren gehen dem Lavendel mit gereinigten Fetten zuleibe und erzeugen Lavendelpomaden, die entweder in diesem Zustand verwendet oder mit Alkohol abgezogen werden, um „Blumenextrakte" zu gewinnen. Auch mit Hilfe von Erhitzen mit Fetten auf 60 – 70 Grad oder der Extraktion durch flüchtige Lösungsmittel (Hexane, Benzine, Alkohol), heiß oder kalt, kommt man zum Ziel. Dieses Verfahren wird heute am meisten angewandt. Natürlich kann man auch schlicht auspressen, muß aber dann reinigen und weiterverarbeiten. Die Produktionskosten für ein Kilogramm Lavendelöl kommen auf 30 – 60 DM, der Preis für ein Kilo Lavandin

beträgt zwischen 8 – 30 DM, je nach Qualität. Frankreich, insonderheit die Provence, hält mit 85 Prozent der Weltproduktion an Lavendelöl die einsame Spitze. Die restlichen Prozente kommen aus Bulgarien, Ungarn, Jugoslawien, Spanien, Algerien, Kenia, Südafrika, Argentinien, Australien, der UdSSR, den USA und Italien.
Doch nicht nur Lavendelduft liefert die Provence. Von vier auf dem Weltmarkt verkauften Parfüms stammen drei aus der Stadt Grasse (am Ende der Lavendelstraße). In jedem Jahr werden dort zehn Millionen Kilogramm Blumen und Blüten verarbeitet, zwanzig Unternehmen allein in dieser Stadt beschäftigen über zweitausend Angestellte. Dazu kommt noch das Heer von Gärtnern, die den Parfümfabriken von Grasse das Material zuliefern; die ganze Gegend um die Blumenstadt ist übersät mit Gewächshäusern und Blütenfeldern. Das Glas der Treibhäuser bedeckt eine Fläche von 3700 Hektar. So nebenbei kommen noch jährlich an die zweitausend Tonnen langstieliger Nelken auf den Markt. Übrigens: Den täglichen Blumenmarkt von Grasse sollten Sie besuchen, farbiger kann die Provence nirgends sein.
Noch einige Zahlen aus der Parfümherstellung. (Sie können übrigens die großen

Bild 25. So schön blühen Artischocken, wenn man die Knospen nicht vorzeitig aberntet.

Bild 26 (links). Dieses hübsche naive Ölbild, das die Ernte der reifen schwarzen Oliven zeigt, hängt im „Olivenmuseum“ in Cagnes sur Mer, das Naturfreunden, die sich für die Kulturgeschichte des Ölbaums interessieren, empfohlen wird.

Bilder 27 – 30 (rechte Seite). Pflanzen aus dem Massif des Maures: Links oben: Weißes Waldvögelein (*Cephalanthera damasonium*). Rechts oben: Schwertstendel (*Serapias vomeracea*). Links unten: Windröschen (*Anemone hortensis*). Rechts unten: Narzisse (*Narcissus tazetta*).

Destillerien in Grasse besuchen und sich informieren lassen. Wichtige Fabriken sind: Molinard, Fragonard, Funel, Galimard). Um ein Kilogramm Essenz zu erhalten, braucht man 10 000 kg Blütenblätter von Rosen oder Jasmin. Um ein Kilo solcher Blütenblätter zusammenzubekommen, muß der Pflücker an die 10 000 Jasminblüten zupfen. Weiter: Für ein Kilo Essenz braucht man außerdem 1000 kg Orangenblüten, 500 kg Kamilleblüten, 600 kg Geranienblüten, 330 kg Patschuliblätter (*Pogostemon patchuli,* ein Lippenblütler) und 150 kg Lavendel. Die Gärtner und Blumenerzeuger rund um Grasse können im Jahr 300 000 kg von folgenden Blumen liefern: Jasmin, Dijonröschen, Orangeblüten, Veilchenblätter. Außerdem noch 160 000 kg Ginster, 100 000 kg Mimosen und 88 000 kg Narzissen. Es ist die Kunst der sogenannten „Nasen“ (Spezialisten für die Kompositionen von Duftwässern), Mischungen herzustellen, die gut verkäuflich sind, „Renner“ werden; von etwa 300 im Jahr neu entwickelten Parfüms werden nur wenige verwertet und ein geschäftlicher Erfolg. Und wo sitzen nun die Damen und Herrn, die sich die duftenden Tröpfchen hinters Ohrläppchen oder gar ins Dekolleté tupfen? An der Spitze der Parfümkäufer stehen die Amerikaner (wo stehen die auch nicht an der Spitze?), dann die Japaner, die Engländer, die Deutschen (West), die Schweizer, Italiener, die Sowjets (man staune!) und am Ende die Spanier.

Ich weiß nicht, liebe Naturfreunde, wie Sie persönlich es mit Parfümen halten. Ich selbst muß gestehen, daß ich duftende Damen meide und keinerlei erotische Moti-

vation aus Parfümduft beziehen kann, es sei denn die, zu flüchten. Und ich beobachte auch, daß die Mädchen von heute keine großen Kundinnen der Duftfabriken von Grasse sind. Um so mehr muß ich, um den „Plantes aromatiques“ der Provence gerecht zu werden, noch auf einen anderen, hochwillkommenen Zweck dieser Gewächse hinweisen, den nämlich zum Gebrauch in der Küche. Es gehört fast obligat zu jedem Provenceausflug, daß man sich in die nicht enden wollende Macchia begibt, um sich einige Tütchen voller Naturgewürze für die heimische Küche zu besorgen.

Da wäre als erster der Thymian (lat. *Thymus vulgaris,* franz. Le Thym) zu erwähnen. Dieser Lippenblütler blüht rosarot und weiß, wird 15 – 20 cm hoch. Er gehört ins berühmte „Bouquet garni“, jenes Suppen- und Würzkrautsträußchen der provencalischen Küche. Sein Öl wirkt antiseptisch. Im Flaumeichenwald wächst noch ein anderer Thymian, der Quendel oder Sandthymian (lat. *Thymus serpyllum,* franz. Le Serpolet), der etwas schwächer im Aroma ist und rotviolett blüht.

Den Rosmarin (lat. *Rosmarinus officinalis,* franz. Le Romarin) kennt jeder. Der Busch wird bis anderthalb Meter hoch, die Blüten sind hellblau, die Blätter rollt der Rosmarin gegen die Verdunstung an den Rändern ein. Früher war der Rosmarin, der heutzutage als Bratengewürz dient, die „Blume des Olymp“ und die Griechen (die auch in den Alpilles von Marseille aus gesiedelt haben) nahmen Rosmarin anstelle von Weihrauch.

Einen pfefferähnlichen Geschmack, der Bohnengerichte, Kartoffeln und Gemüseeintöpfe zu würzen vermag, hat das Winterbohnenkraut (lat. *Satureja montana,* franz. La Sarriette), das weiß oder lila blüht. Gleichfalls lilablau zeigen sich die Blüten des Eisenkraut-Salbei (lat. *Salvia verbenaca,* franz. La Sauge). Der Name kommt von salvare, was soviel wie heilen heißt und dem Kraut einen medizinischen Rang zuteilt. Der wilde Fenchel schließlich (lat. *Faeniculum vulgare piperitum,* franz. Le Fenouil) ist unabdingbarer Würzbestandteil der großen südprovencalischen Fischsuppe, der Bouillabaisse und nicht zu vergessen: Er gibt dem Likör „Grand Chartreuse“ das Aroma.

Der reisende Naturfreund und Feinschmecker tut beileibe nichts Verbotenes, wenn er im Unterholz der Macchia sich von diesem und jenem Duftkräutchen etliche Blätter zum Trocknen zupft. Natürlich kann man die Provencekräuter auch kaufen, aber das ist nur der halbe Spaß.

Bilder 31 – 34. Blumen das ganze Jahr über. Links oben: der allmorgendliche Blumenmarkt in Grasse, der Stadt der Parfüme. — Rechts oben: im Februar blühen in der küstennahen Provence die knallgelben Blütenrispen der sogenannten Mimosen, einer Akazienart (*Acazia dealbata*). — Links unten: die Zwergiris (*Iris chameiris*). — Rechts unten: Geschälte Korkeiche.

ACIE

Zoologische Spezialitäten à la provençale

Scherzbolde sagen, in der Provence gebe es nur Hammel und sonst nichts. Das ist natürlich nicht wahr, wenn man auch zugeben muß, daß hierorts mit größeren, wildlebenden Säugetieren kein Staat zu machen ist. Der Wild-Verbiß, den man auch im provencalischen Hochland überall sehen kann, stammt von Ziegen; kein Reh und kein Hirsch leben mehr in Südfrankreich, sogar das Damwild, das für diese Gegend eigentlich zuständig wäre, ist längst bis zum letzten Stück geschossen und aufgegessen. Früher lebten einige Wölfe in der Gegend, aber auch bei ihnen ist Fehlanzeige: Der letzte Provence-Wolf, der 1872 in Château-Gombert erlegt worden ist, ziert heute das Naturgeschichtliche Museum von Marseille. Was gibt es noch an größerem Wild? Wildschweine (*Sus scrofa*) vor allem, die in der Macchia und im Schilf der Camargue noch Deckung finden, dann etliche Füchse und Dachse, Steinmarder, Iltisse und Genetten (*Genetta genetta*), doch diese nur äußerst selten. Die Wildkatzen, die hier früher vorkamen, sind ausgestorben (sie leben noch in Lothringen). Einige Biber leben auf einer Rhone-Insel und im Delta. Was es hier aber in Mengen gibt, sind Mäuse aller Arten, auch Siebenschläfer und Gartenschläfer, vor allem aber das kleinste Raubtier der Welt: die nur wenige Gramm schwere Etrusker-Spitzmaus (*Suncus etruscus*), die sich hauptsächlich von Insekten ernährt. Interessant ist noch eine Igelart, die eigentlich nach Nordafrika und Spanien gehört, in der Provence aber in den Bergen der Maures und des Esterel als seltene Besonderheit vorkommt: *Aethechinus algirus* heißt dieser Igel, der kleiner als der europäische ist und einen deutlichen „Mittelscheitel" trägt.

Ist mit Säugetieren in der Provence nicht eben viel los, so ist sie doch das Land der Reptilien, der Lurche, der Insekten. Hier kommen Spezialisten auf ihre Rechnung; Beobachter, die genau wissen und spüren, wo sie ihre Viecher finden können.

Fangen wir mit den Reptilien, Schildkröten und Schlangen an; das gibt eine Liste, die sich sehen lassen kann und einige Raritäten enthält. So leben in der Provence gleich drei Gecko-Arten, der Mauergecko (*Tarentola mauritanica*), der Europäische Blattfinger (*Phyllodactylus europaeus*) und der Scheibenfinger (*Hemidactylus turcicus*). Zwar ist in diesem Landstrich unsere Feld-, Wald- und Wiesen-Zauneidechse nicht vorhanden, dafür aber gleich vier andere Lacertenarten. Zunächst die kleine Mauereidechse (*Lacerta muralis*) und die etwas größere Ruineneidechse (*Lacerta sicula*), dann die schöne Smaragdeidechse (*Lacerta viridis*) und vor allem die große, mit himmelblauen Flecken auf den Seiten geschmückte Perleidechse (*Lacerta lepi-*

Bild 35. Hier tummelt sich Folklore (aus der Stadt Arles) auf den zähen Schimmelponies der Camargue.

Bilder 36 und 37. Links oben: Diese Gottesanbeterinnen (*Mantis religiosa*) haben den großen französischen Insektenforscher Fabre sehr beschäftigt. — Links unten: Der schrille „Gesang“ der Zikaden gehört zum Provence-Sommer.

da). Auch die Blindschleiche (*Angulis fragilis*), jene beinlose Eidechse, ist mit von der Partie, vor allem aber die sehr seltene Erzschleiche (*Chalcides striatus*), die noch kleine Beinchen hat, wenn sie diese auch beim Kriechen kaum benützt. In den Sanddünen der Camargue kommen noch zwei Sandläuferarten vor, die den Mauereidechsen recht ähnlich sehen, der Algerische Sandläufer (*Psammodromus algirus*) und der Spanische Sandläufer (*P. hispanicus*).

Zwei Wasserschildkröten sind hier auch zu Hause: die Europäische Sumpfschildkröte (*Emys orbicularis*) und die Kaspische Wasserschildkröte (*Clemmys caspica*). An Landschildkröten kommt die Maurische Landschildkröte (*Testudo graeca*) und die Griechische Landschildkröte (*Testudo hermanni*) vor. Wer Glück hat, kann noch die Unterart *Testudo hermanni robertmertensi* treffen, die nach dem Frankfurter Reptilienforscher Robert Mertens (er starb an einem Schlangenbiß) benannt ist. Ich fing einmal zwei Exemplare in den küstennahen Bergen der Maures, man kennt sie an dem gelben Fleck hinter dem Auge.

Das Aufgebot an Schlangen ist in der Provence besonders groß. So leben hier allein drei *Natrix*-Arten; nicht nur unsere heimische Ringelnatter (*Natrix natrix*), sondern auch die große Barren-Ringelnatter (*Natrix helvetica*) und die Vipernatter (*Natrix maura*), die natürlich mit einer giftigen Viper nichts zu tun hat, nur eine kreuzotterähnliche Zeichnung auf dem Rücken trägt. Auch zweierlei Schlingnattern sind in der Provence zu Hause, erstens die „normale" Schlingnatter (*Coronella austriaca*), dann die Girondische Schlingnatter (*C. girondica*); beide sind lebendgebärend. Auf den Straßen findet man immer wieder — von Autos überfahren — die wärmeliebende gelbgrüne Zornnatter (*Coluber viridiflavus*), die ein ziemlich bissiges, wenn auch ungiftiges Luder ist. Zwei *Elaphe*-Arten sind auch da: die Äskulapnatter (*E. longissima*) und die Treppennatter (*E. scalaris*). Die größte der hier vorkommenden Schlangen ist aber die Eidechsennatter (*Malpolon monspessulanus*), die trotz ihrer tief im Schlund liegenden Giftzähne, mit denen sie ihre Beute beim Verschlingen lähmt, für den Menschen völlig ungefährlich ist. Sie wird über zwei Meter lang. Ja, zwei richtige Giftnudeln gibt es auch: die nahezu ausgestorbene Wiesen- oder Spitzkopfotter (*Vipera ursinii*) und die — besonders im Luberon und im Oberen Var vorkommende — Aspisviper (*Vipera aspis*). Nur auf die letztere muß man aufpassen, die *Vipera ursinii* ist für den Menschen nicht gefährlich.

Bilder 38 und 39. Rechts oben: Sehr selten ist diese Erzschleiche, die ich auf eine glatte Unterlage gesetzt habe, damit man die winzigen Beine besser sieht. Der lateinische Name: *Chalcides striatus*. — Rechts unten: Von den Landschildkröten kommen in der südlichen Provence die Arten *Testudo graeca* (Maurische Landschildkröte) und *Testudo hermanni* (Griechische Landschildkröte), dazu die Unterart *Testudo hermanni robertmertensi* (mit gelben Flecken auf den Wangen) vor.

Bei uns in Deutschland sagt man, daß der Frühling nicht mehr weit sei, wenn als erste die Grasfrösche (*Rana temporaria*) und nach ihnen die Erdkröten (*Bufo bufo*) abgelaicht haben. Beide Lurcharten kommen in der Provence nicht vor. Auch der bei uns alles beherrschende Wasserfrosch (*Rana esculenta*) ist dort nicht so häufig; er wird durch den größeren Seefrosch (*Rana ridibunda*) vertreten. In der Provence und der Camargue beginnt der Frühling, wenn das Trillern der Kreuzkröten (*Bufo calamita*) und das unmäßig laute Geschrei der Mittelmeer-Laubfrösche (*Hyla arborea meridionalis*) zu hören ist (siehe auch das Kapitel über die Camargue). Seltener trifft man dagegen den nur vier Zentimeter großen Schlammtaucher (*Pelodytes punctatus*) aus der Familie der Krötenfrösche (Pelobatidae). Dieser ans Wasser gebundene (wenn auch nicht dauernd darin lebende) Lurch ist etwas schlanker gebaut als die Knoblauchkröte (*Pelobates fuscus*), und seine senkrechten Pupillen weisen auf eine nächtliche Lebensweise hin. Er ist auf seiner grauen Oberseite dunkel olivfarben gefleckt. Ein anderer, sehr interessanter Lurch ist die Geburtshelferkröte (*Alytes obstetricans*), bei der das Männchen sich die Laichschnüre um die Beine wickelt und sie so lange mit sich herumträgt, bis es Zeit zum Schlüpfen ist und ein Tümpel aufgesucht werden muß. — Noch eine Bemerkung zu den Schwanzlurchen: Von den wasserlebenden Molchen ist besonders der Fadenmolch (*Triturus helveticus*) in Gräben und Tümpeln häufig; der Feuersalamander (*Salamandra salamandra* — die gefleckte Form und *Salamandra s. terrestris* — die gestreifte Form) ist in den feuchten Bachtälern der Maures zu finden.

Wenn ich jetzt eine Liste der Tagfalter aus der Provence anbiete, möchte ich vorher eine kleine Anmerkung machen: Ich bin sehr für das Sammeln von Schmetterlingen, wenn dies mit der Kamera auf Farbfilm geschieht, ich kann es aber ganz und gar nicht verstehen, daß es heute noch Leute gibt, die Tiere fangen, töten und die Leichen in Glaskästen aufbewahren. Ich werde auch wütend, wenn ich den hochmodernen Unfug des Eingießens von Tieren in Kunstharz sehe. Die Schmetterlings- und Käferfauna Europas ist durch Kultivierung und Sprühmittel so sehr gefährdet, daß man sich ein massenweises Wegfangen nur zu Sammler- und Tauschzwecken einfach nicht mehr leisten kann. Ich gebe, obwohl ich sie kenne, deshalb auch keine Unterkünfte an, wo sich in der Provence Schmetterlingssammler zum Tag- und Nachtfang treffen.

Die Tagfalter der Provence: *Papilio alexanor* (Ritterfalter), *Zerynthia rumina* (Osterluzeifalter), *Zerynthia polyxena* (auch ein Osterluzeifalter), *Euchloe tagis bellezina* (Weißling), *Anthocaris euphenoides* (Aurorafalter), *Gonepteryx cleopatra* (Zitronenfalter), *Leptidea duponcheli* (Weißling), *Charaxes jasius* (Erdbeerbaumfalter), *Poly-*

Bild 40. Es gibt kaum eine Gegend in der Provence, wo nachts nicht das sanfte „Kju" der insektenjagenden Zwergohreule zu hören ist.

gonia egea (Gelber C-Falter), *Limenitis reducta* (Blauschwarzer Eisvogel), *Brenthis hecate* (Saumfleck-Perlmutterfalter), *Erebia epistygne* (Augenfalter), *Libythea celtis* (Zürgelbaum-Schnauzenfalter), *Melanargia syllius* (Augenfalter), *Pseudotergumia fidia* (Augenfalter), *Hyponephele lupina* (Augenfalter), *Maniola hispulla* (Ochsenauge), *Pyronia bathseba* (Augenfalter), *Coenonympha dorus* (Augenfalter), *Strymonidia esculi* (Zipfelfalter), *Callophrys avis* (Bläuling), *Tomares ballus* (Bläuling), *Plebicula escheri* (Bläuling), *Pyrgus foulquieri* (Dickkopffalter), *Muschampia proto* (Dickkopffalter), *Gegenes pumilio* (Dickkopffalter).

Unter den Käfern sind besonders der Pillendreher (*Scarabaeus semipunctatus*), der Hirschkäfer (*Lucanus cervus*) und der Nashornkäfer (*Oryctes nasicornis*) bemerkenswert. Wer sich angewöhnt, bei seinen Pirschgängen immer wieder mal einige Steine umzudrehen, wird auch auf den nicht sehr seltenen Skolopender (*Scolopendra cingulata*), der fast 20 cm lang wird, stoßen, oder er entdeckt einen Skorpion (*Euscorpius italicus* oder einen *Buthus occitanus*). In den Sommermonaten findet man auch im Gewirr der Büsche manchmal eine Nasenschrecke (*Acrida mediterranea*), eine Stabheuschrecke (*Clonopis gallica*), eine Gottesanbeterin (*Mantis religiosa*) oder den einer kleinen Gottesanbeterin ähnlich sehenden Steirischen Fanghaft (*Mantispa styriaca*).

Genug Insekten! Nur noch eine muß erwähnt werden, weil sie von jedermann gehört, wenn auch nicht immer gesehen wird: die Singzikade, die an sonnigen und warmen Tagen das ganze Land mit ihren durchdringenden Schrillen füllt. Man kann dieses Insekt als Souvenir in jedem Andenkenladen sowohl in Keramik geformt wie in Metall gegossen, kaufen. In der Provence kommen zwei Zikadenarten vor: die *Cicada plebeja* und die kleinere Bergzikade (*Cicadetta montana*). Sie sind so rindenfarben getarnt, daß man die Schreier, wenn man auch nur wenige Meter vor ihnen steht, am Stamm der Pinien nicht erkennt.

Das Denkmal mit dem Schlapphut

Naturfreunde im Urlaub pflegen — und da haben sie ja recht — Museen nur dann aufzusuchen, wenn es regnet. Ich möchte aber jedem Provence-Fahrer, der einen Sinn für verständlich gemachte Naturkunde hat, trotzdem einen Museumsbesuch empfehlen, für den er einen halben Sonnentag opfern muß. Sonne ist notwendig,

Bild 41. Da dieser Falter auf der Oberseite seiner Flügel blauschwarz und weiß gezeichnet ist, heißt er Blauschwarzer Eisvogel (*Limenitis reducta*). Er ist in der Provence nicht selten.

Bilder 42 und 43. Oben: Dies ist das Denkmal von J. H. Fabre in Serignan. Das berühmte Vergrößerungsglas in der Linken ist nicht vergessen worden. — Rechts: Eines der Lieblings-Versuchstiere von J. H. Fabre war diese Tarantel (*Lycosa tarentula*). Sie beißt schmerzhaft und trägt ihre Jungen monatelang auf ihrem Rücken umher.

denn es ist bei dieser Art von Museum ein großer, wundervoll verwilderter Garten mit im Spiel. Ein Garten und ein Haus, in denen Frankreichs größter Insektenforscher, der vielgerühmte und auch vielgeschmähte JEAN HENRI FABRE gewohnt und gearbeitet hat. Es gibt keinen erlebnisfähigen Besucher, dem dieser Besuch nicht unvergeßlich bleiben wird; Voraussetzung ist allerdings, daß man sich — vor der Reise in die Provence — von der Bibliothek eine der wenigen Auswahlübersetzungen der

Arbeiten Fabres holt und das Staunen lernt, wie dieser Mann in der damaligen Zeit sein immenses Wissen ausgebreitet hat. Er war ein Verächter jeglichen Wissenschaftsgebrabbels, dazu ein Genie in zoologischen Aufgabenstellungen und ein Dichter in der Darstellung. Ein Grzimek, ein Lorenz, ein Stern in einer Person.
Jean Henri Fabre ist, so meldet der Große Brockhaus, 1823 in Saint-Léons geboren und in Serignan (dem Ort, den wir besuchen wollen) im Jahr 1915 gestorben. Er habe, so rühmt das Lexikon, das Leben der Insekten mit einer erstaunlichen Beobachtungsgabe und einem großen literarischen Talent beschrieben und im Jahr 1910 den Nobelpreis für Literatur erhalten. Leider irrt hier der sonst so sorgfältige Brockhaus: so sehr Fabre das Nobel-Geld hätte brauchen können, er hat diesen Preis, den er hoch verdient gehabt hätte, nie bekommen. Andere Ehrungen und Preise ja,

nachdem er im Jahr 1907 den zehnten Band seiner berühmten „Souvenirs entomologiques" veröffentlicht und damit sein Lebenswerk abgeschlossen hatte.
Einer der großen Einzelgänger der Naturforschung. Seine Beobachtungen von Spinnen und Insekten, mit Präzision und einer Engelsgeduld durchgeführt und immer wieder neu getestet, ob sich das Gesehene auch als dauerhaft erweise, sind heute noch Meisterstücke und Vorbild für jeden Feld-Entomologen. Seine Sprache, mit der er liebevoll und poetisch die Bilder aus der Insektenwelt malte, war einfach, jedermann sofort zugänglich und begeisternd. Wissenschaftlichen Schnickschnack, den es zu allen Zeiten gegeben hat, griff er mit Vehemenz an und geriet durch diese Eskapaden immer wieder mit der Schulwissenschaft auf Kriegsfuß. Vielen galt er als Sonderling und Outsider.
Sein Handwerkszeug: eine große Handlupe mit Stiel. Sie genügte ihm für seine Beobachtungen; mehr als mit zehnfacher Vergrößerung mochte er die kleinen Geschöpfe Gottes nicht entlarven. Auch hatte er eine Scheu davor, ein Skalpell zu gebrauchen. Er wollte Beobachter bleiben, glaubte sehr im Gegensatz zu DARWIN an die Konstanz der Arten und hielt nichts von dem heute so erfolgreich gewordenen Teamwork. Nicht einmal Schüler hatte er. Was er zu sagen hatte, das sagte er jedermann.
Vor knapp 100 Jahren schon bereitete er den Boden für die erst in unseren Tagen aufgeblühte Verhaltenswissenschaft: FABRE war es klar, daß nicht nur der äußere Habitus eine Insektenart charakterisiert, sondern ebenso das spezielle Verhaltensmuster. „Wann", so klagte er, „werden wir endlich ein entomologisches Laboratorium erhalten, in dem man nicht das tote, in Alkohol aufgeweichte, sondern das lebende Insekt studiert? Ein Laboratorium, dessen Forschungsgegenstand die Instinkte, die Gewohnheiten, die Lebensweise, die Arbeit, die Kämpfe und die Fortpflanzung dieser kleinen Gesellschaft sind? Durch Versuche, die Grenze zwischen Instinkt und Intelligenz festzustellen, darzutun, ob die menschliche Vernunft ein völlig eigenständiges Merkmal ist oder nicht, all das scheint mir wichtiger als die Zahl der Ringe am Fühler eines Krebstieres." — Man sieht: das klingt, wenn auch ein wenig einseitig, doch sehr modern.
Auch für seine sehr einfache Art der Darstellung hat er seine Gründe. „Die Naturgeschichte", so argumentiert FABRE, „dieses wunderbare Studienfach für junge Menschen, ist infolge einer fortwährenden Vervollkommnung zu einer widerlichen, abstoßenden Sache geworden. Wenn ich zwar für die Gelehrten schreibe, die Philosophen, die einst versuchen werden, in das schwere Problem des Instinkts ein wenig Licht zu bringen, so schreibe ich doch besonders für die jungen Menschen, die ich Naturkunde wieder lieben lehren möchte, die man ihnen verhaßt gemacht hat. Und deshalb, wenn ich auch mit peinlicher Genauigkeit bei der Wahrheit bleibe, verzichte ich auf die sogenannte wissenschaftliche Schreibweise, die leider allzu oft einem Kauderwelsch gleicht."

Wie schon gesagt: es ist nötig, sich vor einer Provence-Reise die wenigen in Deutsch übersetzten Auszüge aus FABREs Werk (von KURT GUGGENHEIM und von ADOLF PORTMANN) auszuleihen. Leider sind die Ausgaben von FABREs Werken, die einst bei der Franckh'schen Verlagshandlung erschienen sind, seit Jahren vergriffen. Wer über Fabres krabbelnde und geflügelte Akteure aus den „Souvenirs entomologiques" im Bilde ist, wird einigen von ihnen im distelreichen Garten von Serignan begegnen.

Serignan, diesen kleinen, so recht provencalischen Ort, der unweit vom Renommierberg der Gegend, dem Mont Ventoux, gelegen ist, erreicht man leicht, wenn man die Rhone-Autobahn bei der Stadt Orange verläßt und sich nach Osten wendet. Man fährt einige Kilometer durch ein Lavendelland und findet sich dann auf dem kleinen Marktplatz von Serignan wieder, konfrontiert mit einem der originellsten Denkmäler Frankreichs. Ganz ohne Gloire, ganz ohne die emphatische Geste, die Franzosen sonst an ihren Standbildern lieben, sitzt da ein kleiner, in dunkle Bronce gegossener Mann auf einem Steinsockel, beschattet von einem riesigen Schlapphut und mit dem bekannten Vergrößerungsglas in der Hand: der leibhaftige J. H. FABRE, der seine Wahlheimat Serignan berühmt gemacht hat. Jeder Einheimische kann dem Besucher den Weg zum „Harmas" weisen, jenem, von einer übermannshohen Mauer umgebenen Grundstück und dem Haus, das der stets in Geldnöte verstrickte Forscher im Jahr 1879 für 7800 Goldfrancs gekauft hat.

Sein „Eden" nannte er diesen Unkrautgarten. „Es ist ein Harmas", erklärt FABRE, „so bezeichnet man hierzulande ein unbebautes, steiniges Stück Boden, den der Thymian überwuchert." (Vielleicht würde man bei uns im Schwäbischen „Burren" zu diesem Stück Land sagen.) „Nach der Quecke, dieser abscheulichen Grasart, folgen, der Zahl nach, die Centaureen, die Flockenblumen; da und dort erhebt sich über die unentwirrbare Wildnis wie ein Kandelaber die spanische Golddistel mit der Flamme ihrer orangefarbenen Blüten und ihren Stacheln, die so stark wie Nägel sind. Noch höher als sie steigt die Illyrische Krebsdistel, deren zwei bis drei Meter hoher Schaft in einem dicken rosaroten Knauf endet. Dieses verwunschene Stück Land ist ein irdisches Paradies für die Hautflügler (Hymenopteren). Nie auf meinen Streifzügen sah ich eine derartige Völkerversammlung auf so engem Raume."

Wer FABREs Harmas seine Aufwartung machen will, läutet am Eisentor des Anwesens, wartet auf das Gebell etlicher Dachshunde und auf den Schritt des Verwalters. Natürlich kommt man entweder vor oder nach der mittäglichen Siesta, sonst ist man gleich als Deutscher, der die Mittagsruhe mißachtet, entlarvt. Und dann steht man vor dem stattlichen Haus, das dem Forscher Familiendomizil und Forschungslaboratorium zugleich gewesen ist. Im ersten Stock tut sich der große Arbeitsraum auf mit den Nußbaumschränken, in denen FABRE seine private Naturaliensammlung (viel Mineralien und Fossilien) untergebracht hat. Hier steht auch das berühmte „handtuchgroße" Sekretärchen, auf dem der kleine Mann mit dem großen schwar-

zen Schlapphut (den er nur ungern abnahm) 40 Jahre lang an seinen „Souvenirs" schrieb. Der lange Arbeitstisch in der Mitte dieser Studierstube im Stil der Jahrhundertwende zeigt einige aufgebaute Versuche, die hier einst unternommen wurden und die den Forscher unsterblich gemacht haben, weil die Fragestellungen und Antworten heute noch exakt stimmen. Da ist das Große Nachtpfauenauge (*Saturnia pyri*) unter der Drahtgazeglocke, das — ein Weibchen — einige Nächte lang mit seinem Sexualduft Schwärme von Pfauenaugenmännern angelockt hat, die FABRES Haus geisterhaft bevölkerten. Da sind die (präparierten) Pillendreherkäfer, deren Jungenfürsorge der Forscher beschrieben hat, da ist auch unter vielem anderen jene kleine „Orgel" aus ausgehöhlten Bambusstäben, ein von FABRE erfundener Brutapparat für Mauerwespen und andere geflügelte Höhlenbrüter.
Im Erdgeschoß des Hauses wartet eine Überraschung. In keiner FABRE-Biographie findet man einen Hinweis darauf, daß der Mann auch ein bemerkenswerter Maler und Aquarellist gewesen ist. Hier nun ist ein ganzer Raum mit Bildern von Pilzen angefüllt, die der Forscher allesamt nach der Natur mit einem winzigen Tuschkasten, wie ihn Schulkinder im Ranzen haben, ausgeführt hat. Auch dies ist typisch für seine Arbeitsweise: geringer Aufwand, dafür höchste Genauigkeit und Anteilnahme.
Der Rundgang im Garten draußen auf den Trampelpfaden unter den Libanonzedern, zwischen Cistrosenbüschen hindurch, führt zu den hübschen, im Mai blühenden wilden Zwergschwertlilien (*Iris chameiris*), die man in der Provence an manchen Stellen finden kann; hier blühen auch andere Wildgewächse, so das Große Immergrün, die Kronwicke, der Rosmarin und der Lavendel. In einem See laichen jedes Frühjahr Laubfrösche und Kreuzkröten. Als wir im Monat April zum erstenmal diesen „Harmas" besuchten, schoben sich raschelnd auch zwei Maurische Landschildkröten durchs Dickicht.
Im Sommer ist FABRES Garten (auch heute noch ist es ganz deutlich „seiner") ein Insekten- und Schmetterlingsdorado. Der kleine, schmächtige Forscher hat es sicherlich genossen, daß er seine entomologischen Studien im Schutze der großen Grundstücksmauer betreiben konnte und nicht mehr wie früher, draußen im Freien, wo ihn nur der Spott der tierfremden Provencalen erwartete, wenn er in seinem guten schwarzen Anzug und seinem schwarzen Schlapphut auf dem Bauche lag, um mit seiner Handlupe das Treiben einer Raubwespe zu verfolgen.
Ich weiß nicht, wie es Ihnen bei diesem Besuch im Harmas FABRES in Serignan ergehen wird. Ich habe, als ich dies alles sah, gedacht, was dies doch für ein begnadeter Einzelgänger war, mit Fehlern gewiß, aber mit welch großem Einfluß auf die ganze gebildete und halbgebildete Öffentlichkeit eines Europas am Anfang des 20. Jahrhunderts. Ein Forscherleben, das es heutzutage nie mehr geben wird, da man sich heute so spezialisiert, daß man, dem bekannten Bonmot zufolge, „immer mehr über immer weniger weiß, bis man schließlich alles über nichts weiß."

Fjorde am Mittelmeer: die Calanques

Wir wollten sie einfach sehen, punktum: Und deshalb stiegen wir im Hafen von Cassis in eine Motorschaluppe ein, die einen Trip in jene abenteuerliche Küste zwischen hier und Marseille anbot, die man „Calanques“ nennt. Das Wort kommt aus dem Ligurischen, heißt „cal“ und bedeutet soviel wie „Zuflucht“. Wie im Maquis mögen sich auch schon früher manche Leute hier im Fels und Unterholz versteckt haben.

Der Motorbootkapitän lud uns freundlich ein, kassierte noch freundlicher und sagte dann: „Plus de vent“, was soviel heißt, wir haben einen steifen Wind und ihr werdet schon sehen. Wir sahen es, und obwohl wir mehrere blauschimmernde Buchten (nach wilder Kreuzfahrt wie in einer Wagner-Oper) erreichten, wußten wir gleich, wir hatten es falsch gemacht. Die Calanques erleben nur Anfänger vom Meer aus. Ausgepichte provencalische Naturfreunde, Höhlenforscher und Bergsteiger nähern sich diesen weißschimmernden Kalkschroffen vom Lande her. Das kostet zwar etliche Tropfen Schweiß, aber dafür hat man sich das Erlebnis der Einsamkeit am französischen Mittelmeer erarbeitet, wie man es sonst nirgendwo erleben kann.

Kurz also: Dies ist der (gottlob noch nicht vielen Leuten bekannte) Weg zur schönsten aller Calanques, jener, die sich „En-Vau“ nennt. Sie finden Sie leicht auf jeder einigermaßen ausführlichen Karte, westlich von Cassis. Sie fahren auf der N. 559 entweder von Marseille oder von Cassis aus und biegen (wenn Sie von Marseille kommen, am km 17, von Cassis aus am km 234) Richtung Mittelmeer ab. Sie können mit dem Wagen durchaus bis zum Forsthaus „La Maison Forestière de la Gardiole“ fahren, hier parken und auf dem Fußweg eine etwa anderthalbstündige Wanderung hinab ins Tal zur Calanque „En-Vau“ unternehmen. Sie sehen unterwegs selbst, welche Umwege und Schlenker Sie durch die Gegend machen wollen. Wir haben jedenfalls an die drei Stunden bis En-Vau gebraucht, sind kreuz und quer herumgestiegen, haben botanisiert, einige Ruineneidechsen (*Lacerta sicula*) beobachtet und waren hingerissen von diesen unwahrscheinlichen Felsformationen, die für den „Club Alpin Français, Section de Provence“ Herausforderung für recht extreme Kletterunternehmungen sind.

Nicht jeder weiß, daß schon der berühmte „Vieux Port“, der alte Hafen von Marseille, eine echte, wenn auch total verbaute Calanque ist. Andere solcher fjordartiger Meeresbuchten, wie Sormiou und Morgiou im Südosten von Marseille wurden für Sommerfrische, Baden und Wassersport genutzt. Dann erst kommt die wilde Küste, wo es nichts gibt als Natur aus erster Hand, das sind die Calanques Sugitton und vor allem En-Vau.

Diese scharf eingeschnittenen Kalkklippen sind keineswegs alte Gletschertäler, sondern das Werk von vielen kleinen Küstenbächen und -flüssen. Später, als die Gletscher der Großen Eiszeit schmolzen, wurden diese Täler vom Meer überflutet. Die Gegend ist heute sehr wasserarm, ein typisches Karstland, auch die beiden Massive von Marseilleveyre und von Puget sind völlig trocken. Nur einige vom Karst geschaffene Höhlen und Quellen gibt es, so eine unterirdische Süßwasserquelle, die in der Calanque Port-Miou auf dem Meeresboden mündet, die den einheimischen Fischern wohlbekannte Mündung eines Karstflusses.

Die Flora an dieser trockenen und vielfach salzigen Küste ist außerordentlich reichhaltig. René Molinier zählt 900 Pflanzen auf, die er hier gefunden hat, darunter 58 Pflanzenarten, die als Relikte gelten müssen, weil sie schon im Tertiär hier vorgekommen sind. Solche Überlebenden, die die Eiszeit überstanden haben, sind beispielsweise der Lauch *Allium chamaemoly,* die Färberpflanze *Alkanna tinctoria* (sie liefert eine rote Farbe), die Flockenblume *Centaurea intybacea,* der Reiherschnabel *Erodium chium,* das Labkraut *Galium setaceum,* das Sonnenröschen *Helianthemum levipes* oder die Weiße Resede *Reseda alba.*

Ich schreibe jetzt von unserem Exkursionszettel im Hinterland der Calanque En-Vau ab, was wir damals, im Winter (zu Neujahr haben wir in Cassis einen wunderbaren Fisch gegessen und Chablis getrunken) an Pflanzen gefunden haben: die Myrte (*Myrtus communis*), den Bocksdorn (*Astragalus tragacantha*), den Wegerich (*Plantago subulata*), eine Seidelbastart (*Thymelaea tartonraira*), den Johannisbrotbaum (*Ceratonia siliqua*), die Baumwolfsmilch (*Euphorbia dendroides*), den Oleander (*Nerium oleander*), die Tamariske (*Tamarix gallica*), den Lorbeer (*Laurus nobilis*), den Keuschbaum (*Vitex agnus castus*), das Spanische Rohr (*Arundo donax*) und die Feige (*Ficus carica*). Jeder botanisch Interessierte kann hier in der Garigue der Calanques seine Entdeckungen machen, die von den halophilen (salzliebenden), über die halbsalzliebenden bis zu den nichtsalzliebenden Pflanzengesellschaften reichen.

Das Schönste aber an dieser Kletter- und Wanderexkursion in die Calanque En-Vau ist: Man setzt sich irgendwo am Steilabhang in eine der weißen Kalkklippen und schaut zu, wie das stille türkisglühende Wasser im Fjord steht und daneben die weißschäumenden Wellen wütend die Felsen hinaufspringen. Solcher Bilder willen macht man auch Urlaub — nicht bloß, um möglichst lange Listen von festgestellten Vogel- und Pflanzenarten mit nach Hause zu bringen. Schließlich sind wir Amateure — und frei.

Bild 44. Eine der schönsten Calanques jener buchtenreichen Felsenküste zwischen Marseille und Cassis ist die hier abgebildete En-Vau.

Camargue: Paradies hinter Stacheldraht

Vor 25 Jahren noch, da war die Camargue eine Landschaft zum Anfassen. Da war einsam noch einsam — die paar Fremden, die sich zwischen Aigues Mortes und St. Maries herumtrieben, fielen nicht auf. Das individuelle Naturerleben ließ sich noch verwirklichen, die Landschaft hielt jene kleine Schar von Ornithologen, Entomologen, Botanikern, Sonnenanbetern und Satteltramps, die sich jährlich zur Vogelbrutzeit einstellte, leicht aus. Man verbrachte Tage im schwankenden Hochsitz, ließ sich von den Schnaken foltern, um im Pinienwald von Monsieur Novi die Seidenreiher am Horst zu beobachten, man saß im Tarnzelt vor der lochübersäten Brutwand der Bienenfresser in Fielouse, kroch auf dem Bauch durch Tamariskengebüsch, um den Flamingos auf Kameraschußweite nahezukommen. Abends stellte man sein kleines Zelt irgendwohin und sah dann niemanden mehr, hörte nur das sanfte „Kju“ der Zwergohreule. Wenn man es vornehm wollte, ging man ins einzige Hotel weit und breit, ins „Saint Louis“ in Aigues Mortes, aß marinierte Muscheln und schlief in einem Bett unter einem riesigen Moskitoschleier. An der Zimmerwand war ein Schild: „Die verehrten Besucher werden gebeten, die moustiques (Schnaken) nicht gegen die Wand zu patschen!“

Doch bald schon war es aus mit der Idylle. Die „Vermarkter“ rückten in Scharen an; Filmemacher, Fernsehteams, Journalisten, Fotografen, Vortragsreisende begannen sich dieses Landes zu bemächtigen und sonderten in ungeheuren Mengen jene Reizworte ab, die einen unfaßbaren Zustrom von neugierigen Touristen zur Folge hatten: „Wildnis an den Gestaden des Mittelmeers“, „Reich der weißen Pferde und schwarzen Stiere“, „Gardians, Zigeuner und Flamingos“, „Vogelschwärme verdunkeln den Himmel“. Damit wurde das Millionenheer der Naturfreunde überrieselt und zum Besuch aufgefordert. Natürlich im Omnibus und mit Vollpension.

Heute sieht man diese armen, verführten Leute in ihren vollklimatisierten Blechgefängnissen durch die Camargue schaukeln, beschwätzt vom Fremdenführer; sie dürfen vielleicht einmal aussteigen und durchs Fernglas eine Schar Flamingos betrachten, die weit drin in den Salzsümpfen steht, geschützt vom allüberall vorhandenen soliden Stacheldraht, der alle Straßen im Rhonedelta obligat begleitet. Die Camargue, ohnehin von der Landwirtschaft dauernd hart bedrängt, konnte den Menschenansturm unserer Tage nicht mehr verkraften. Sie hat sich eingeigelt. Statt dessen bietet die Touristenindustrie Surrogate an: Zwischen den riesigen, knallweißen Hotelkästen, die heute die Straße zum Ort der Marien säumen, stehen gelangweilte

Bild 45. So stimmungsvoll zeigt sich die Camargue im Winter. In dieser Jahreszeit werden die Reis- und Weinfelder mit Süßwasser geflutet, um das Salz, das in der Erde steckt, möglichst herauszuwaschen.

Stiere in der Umzäunung, warten Hunderte von (meist zusammengekreuzten) Camarguepferden in vollem Sattelzeug auf Leute, die von einem „echten Gardian" in die Wildnis geleitet werden wollen. Auch die Folklore ist völlig entartet: Was heute in der Camargue in Tracht und Cowboyhut daherkommt, stammt aus dem Showgeschäft, aus Stuttgart-Hedelfingen oder aus Wanne-Eickel. Wehe dem nicht aufgeklärten Einzelreisenden, der im Deltaland Natur und Einsamkeit sucht: Er wird seiner Illusionen (und vieler DM) beraubt die Heimreise antreten. Statt der Flamingos hat er nur zwölf donnernde Düsenjäger am azurblauen Himmel ausgemacht.
Es ist eine Kunst geworden, heute noch ein Stück „guter Camargue" zu erleben. Wir werden am Schluß des Kapitels einige Anregungen geben, wie man doch noch etwas von einem Ausflug ins Rhonedelta haben kann, zunächst aber müssen wir uns über die Probleme und die Gliederung dieses europäischen Nationalparks etwas näher unterhalten:
Vier Faktoren, zwei gute und zwei schlechte, bestimmen über das Tier- und Pflanzenleben in der Camargue, das sind das Mittelmeerklima und das Wasser, leider auch das Salz und der Wind. Es gibt hier warme und trockene Sommer, temperierte und oft feuchte Winter. Das Süßwasser wird auch im Sommer von der Rhone geliefert und trifft mit dem guten Wachstumsklima zusammen. Das Salz, vom Meer auf seinem Rückzug aus dem Schwemmdelta zurückgelassen, kommt im Grundwasser wie auch kristallisiert im Boden vor, und es bedurfte kostspieliger Anlagen, um wenigstens die oberflächlichen Bodenschichten so auszuschwemmen, daß ein Anbau von Reis, Wein, Obst, Getreide, Heu und Luzerne möglich wurde.
Im Etang de Vaccarès finden sich bereits einige Gramm Salz in jedem Liter Wasser, in den südlichen Laken noch mehr, und der Salzgehalt beginnt im Sommer durch Verdunstung des Wassers noch zu steigen, er wird höher als der des Mittelmeers. Auf die Vegetation und die Tierwelt hat das Salz einen entscheidenden Einfluß. Nur salzliebende Quellerstauden wachsen auf einem sonst nackten salzhaltigen Boden, nur einige tierische Spezialisten halten die Konzentrationen in den Laken aus. Die Franzosen nennen das salzige Land in der Camargue die „Sansouire", ein Wort, das man sich übersetzen muß. Es bedeutet soviel wie „Nichts zu hören". Und dies heißt wiederum, daß es in den salzigen Wassern keine Frösche gibt, die sonst das Land mit ihrem Konzert erfüllen. Auch der Wind gehört zu den Negativfaktoren des Rhonedeltas: Nur drei Monate lang, im Juni, Juli und August verschont der Mistral die Camargue, neun Monate lang dörrt er den Boden aus, durchwühlt die flachen Gewässer, zwingt die Pflanzen zu erhöhter Verdunstung und jagt Vögel, Lurche und Säugetiere ins deckende Gebüsch.
Der nichtbebaute, wild gebliebene Teil der Camargue läßt sich in vier verschiedene Lebensräume gliedern. Zum ersten in die Zone der Laubgehölze an den Rhoneufern: das sind Silberpappeln, Ulmen, Weiden, Erlen und Eschen. Hier ist das Salz seit Jahrhunderten ausgeschwemmt. Zweitens in das Gebiet der Trockenrasen: An

den höhergelegenen Stellen, wo nur wenig Salz an die Oberfläche dringt, wachsen Gräser, Binsen und Seggen, im Frühjahr zeigt sich hier ein reicher Blütenflor von Maßliebchen, Hungerblumen, Storchschnäbeln, Kleearten, Gauchheil, Orchideen (Spinnenophrys), Schwertlilien, wilden Gladiolen. Im Spätsommer blühen hier die violetten Strandnelken, die man in der Camargue „Saladelles“ nennt. Biotop Nummer drei erstreckt sich auf die tiefgelegenen Zonen, die sehr salzhaltig sind. Es ist das Land der „Enganes“, wie hier die salzfreundlichen Quellerarten heißen. Als einziger Baum lebt hier noch die im Frühjahr rosablühende Tamariske, die einen Teil des salzhaltigen Wassers verarbeiten kann. Man braucht nur im Sommer an einem Tamariskenblatt zu lecken und nimmt den salzigen Geschmack leicht wahr. Das Blatt ist mit einer Salzkruste bedeckt, die zurückbleibt, wenn die Pflanze das Salzwasser verdunstet. Lebensraum Nummer vier sind die Dünen am Meeresstrand. Hier wächst Strandhafer, und im Mai blühen Schneckenklee, Hundskamille und die Immortellen. Im Sommer erscheint eine weißblühende Lilie (*Pancratium maritimum*). Auch im Zentrum der Camargue finden sich noch einige Dünen. So der „Bois des Rièges“ südlich des Vaccarès, der mit sechs Meter hohem phönizischem Wacholder bewachsen ist. Hier ist Naturschutzgebiet.

1928 wurde das Naturschutzgebiet „Réserve de Camargue“ gegründet. Es lag um den Vaccarès und war 15 000 ha groß. Hier darf weder gejagt noch gefischt werden, und der Zutritt ist nur mit Genehmigung erlaubt. Gesuche können an die Direktion der „Réserve des Camargue“, Rue Honoré-Nicolas, Arles, gerichtet werden, doch haben nur Wissenschaftler und hauptamtliche Naturschützer eine Chance. — Außer diesem Naturschutzgebiet gibt es noch ein zweites, das 30 qkm große von „Les Impériaux“, 1964 vom Staat gekauft. Auch hier ruhen Jagd und Fischfang. Im „Impériaux“ gibt es einige der besten Brutinseln für Möwen, Seeschwalben, Säbelschnäbler und Enten. Schließlich hat der Staat, um zu verhindern, daß der Touristenrummel noch weiter um sich greift, 1970 das ganze Delta und das Gebiet um Aigues Mortes zum „Regionalen Naturschutzgebiet der Camargue“ erklärt.

Bevor wir nun einige ornithologische Spezialitäten erwähnen, müssen wir zu jenen drei berühmten Tieren kommen, derentwillen jedes Jahr Touristenvölkerwanderungen in die Camargue veranstaltet werden, das sind die schwarzen Stiere, die weißen Pferde und die rosaroten Flamingos.

Die Herkunft des primitiven, halbwild lebenden Camargue-Rindes ist nicht eindeutig geklärt. Es gibt Fachleute, die in ihm die Abkömmlinge des im 17. Jahrhundert ausgestorbenen Auerochsen sehen wollen (und es sind auch Camargue-Rinder für die Rückzüchtung, die Rekonstruktion des Auerochsen verwendet worden), andere Forscher wollen in diesem Tier die Weiterentwicklung kleinasiatischer und nordafrikanischer Rinderrassen erkennen. Vergleiche mit Knochenfunden aus prähistorischer Zeit zeigen einige übereinstimmende Merkmale mit den Tieren in der Camargue. Wahrscheinlich stellt die Camargue-Rasse einen Mischtyp dar aus urtümlichen mediterranen Rindern, die in ihrem Wuchs immer etwas klein geblieben sind. Die Fluchtdistanz dieser halbwild lebenden „Tauraux“ beträgt etwa 50 Meter gegenüber einem Fußgänger, aber nur 5 – 10 m zu einem Reiter, den die Tiere gewohnt sind. In der Arena werden Camargue-Stiere nur für den hier heimischen, unblutigen Stierkampf verwendet, bei dem es gilt, dem Stier Kokarden und Wollquasten von Stirn und Horn abzureißen. Oft geht der Stier als Sieger hervor. Die anderen, in Arles oder Nimes offerierten Stierkämpfe sind dagegen spanischer Import, hier fließt Blut, und die hier verwendeten Miurastiere haben keine Chance.

Jene langen Reihen verschlafener Rösser, die der Camargue-Besucher von heute an den Stallbalken längs der Fahrstraße angebunden findet, haben meist nur wenig mit dem wendigen, widerstandsfähigen und ausdauernden Camargue-Pferd zu tun. Während der letzten Jahrzehnte ist der Pferdebedarf für die Touristen-Reiterunternehmen so gestiegen, daß man zahlreiche Einkreuzungen mit anderen Pferderassen unternommen hat. Der echte Camarguer ist das Reittier der „Gardians“, wie man in Südfrankreich die Cowboys nennt. Die Pferde müssen durch Sümpfe, Gestrüpp, durch Wasser und tiefen Sand zu den Herden, müssen helfen, die Rinder zu treiben und versprengte Tiere wieder einzufangen. Der Prototyp eines echten Camarguers ist ein Pferd von mittlerer, eher geringer Größe, mit einem breitstirnigen Kopf und kurzen Ohren, kurzen aber muskulösen Beinen und breiten Hufen (die nicht so leicht in den Schlamm einsinken). Wie bei allen Schimmeln werden auch beim Camargue-Pferd die Fohlen mit schwarzem Fell geboren, das sich erst nach dem vierten Jahr über ein Grau ins Weiß umwandelt. Gelegentlich kommen aber auch Falben und Braune vor. Wie alle freien Weidetiere wechseln auch die Camarguer jahreszeitlich das Fell: Im Winter sind die Pferde dicht behaart und zottelig. Auch über den Ursprung dieser Primitivrasse gibt es verschiedene Theorien: Eine, die einiges für sich hat, meint, daß der Camarguer vom zentralasiatischen Steppenpferd, dem *Equus caballus robustus,* einem der prähistorischen Urpferdetypen, stamme.

Doch nun zum Märchentier, dem Flammenvogel der Camargue, dem Flamingo (*Phoenicopterus ruber*). Auch nüchterne, ernste Naturfreunde, die sich normalerweise aller Äußerungen einer Gefühlswallung enthalten, können sich eines begeisterten Seufzers nicht erwehren, wenn sie eine Schar Flamingos zum Himmel aufsteigen sehen. Das Farbenspiel der schwarzweiß (Oberseite) und karminrot (Flügelunterseite) leuchtenden Vögel beim Fluge ist umwerfend. Auch das Flugbild dieser Stelzvögel ist charakteristisch: Der lange, dünne Hals mit dem kleinen, krummschnabeligen Kopf bildet mit den überlangen Beinen eine lange Linie, die von den

Bilder 46 – 49. Einige der großen Vögel aus dem Rhonedelta. Links oben: Rallenreiher (*Ardeola ralloides*). — Rechts oben: Flamingo (*Phoenicopterus ruber*). — Links unten: Nachtreiher (*Nycticorax nycticorax*). — Rechts unten: Purpurreiher (*Ardea purpurea*).

Flügeln durch die Luft getrieben wird — eine Art fliegender Bleistift. Flamingos brauchen das Salzwasser, sie leben von den Salinenkrebsen und anderen Kleintieren der Laken. Auf den flachen Inseln dieser Landschaft bauen sie ihre aus Erde, Schlamm und *Salicornia*-Zweigen geformten Nester, die an einen Tontopf erinnern. Ein einziges Ei wird auf einen solchen Tontopf gelegt und über einen Monat lang gewärmt. Aber leider brüten diese spektakulären Vögel keineswegs in jedem Jahr. In der Camargue gab es in den letzten 50 Jahren nur 23 erfolgreiche Flamingobruten; die bisher größte Zahl von Brutpaaren wurde 1960 mit 8000 erreicht. Leider gibt es unter den Jungvögeln viele Ausfälle, und man muß schon von einem guten Brutjahr sprechen, wenn die Hälfte des Nachwuchses flugfähig wird. Warum brüten die Flamingos in der Camargue so unregelmäßig? Einige Faktoren kennt man: ein starker Kälteeinfall beim Brutbeginn im März; Regenfälle; der unerträgliche Mistral; dann die Silbermöwen, die sich sofort auf die Gelege stürzen, wenn sie unbewacht sind, und dann — immer mehr — der donnernde Lärm der tieffliegenden Düsenflugzeuge. Er setzt eine ganze Flamingobrutkolonie in wilde Panik und bleibt auch für die kommenden Jahre eine fast tödliche Gefahr.
Es ist unmöglich, an dieser Stelle alle Vogelarten aufzuzählen, die in der Camargue vorkommen. Beschränken wir uns auf einige Gruppen, die man fast regelmäßig beobachten kann. In der Brutzeit wundert sich der Camargue-Besucher immer wieder, wie einsam die Brackwasserseen sind, fast ausgestorben; die Brutvögel haben sich auf die wenigen Inseln zurückgezogen, auf denen sich das ganze Vogelleben zusammendrängt. Hier sind die Nester von Tausenden von Möwen, Seeschwalben, Strandvögeln und Enten. Die Reiher (Seidenreiher, Nachtreiher und Rallenreiher) haben sich zur Brutzeit in die Baumgruppen an den beiden Rhonearmen und in die Pinienwälder bei Aigues Mortes zurückgezogen, außer dem Purpurreiher, der im Gegensatz zu den anderen Reiherarten in kleinen Kolonien im Schilf brütet. An den offenen Süßwassersümpfen, deren Vegetation durch die Wildrinder kurz gehalten wird, bauen Stelzenläufer und Weißbartseeschwalben ihre Nester, und aus den salzigen Sansouires kommen die Brachschwalben zur Insektenjagd. Auch außerhalb des Frühjahrs finden sich in der Camargue große Vogelscharen zusammen, so ist das Gebiet Winterquartier von etwa 200 000 Wildenten. Unter diesen Entenscharen stellt die Krickente (*Anas crecca*) und die Stockente (*Anas platyrhynchos*) mit etwa 50 000 Tieren das stärkste Kontingent, gefolgt von der Pfeifente (*Anas penelope*) mit reichlich 20 000 Exemplaren, dann Spießente (*Anas acuta*), Tafelente (*Aythya ferina*) und Löffelente (*Spatula clypeata*) mit den so farbenprächtigen Männchen. Kleinere Bestände von etwa je 5000 Tieren bilden die Reiherente (*Aythya fuligula*), die Mittelente (*Anas strepera*) und die Kolbenente (*Netta rufina*). Ebenfalls vertreten sind Bergente (*Aythya marila*), Schellente (*Bucephala clangula*) und am Meer noch die Eiderente (*Somateria mollisima*), Samtente (*Melanitta fusca*) und Trauerente (*Melanitta nigra*).

Von der Vogelliste rund um die Camargue lassen sich hier nur Familien, nicht die Arten aufzählen. Es kommen vor: Seetaucher, Lappentaucher, Sturmvögel, Tölpel, Kormorane, Reiher und Rohrdommeln, Störche, Flamingos, Schwäne, Gänse, Enten und Säger, Geier, Adler, Bussarde, Habichte, Milane, Weihen und Falken, Fasane, Rebhühner und Wachteln, Kraniche, Rallen, Trappen, Austernfischer, Regenpfeifer, Schnepfen, Brachvögel, Wasser- und Strandläufer, Säbelschnäbler und Stelzenläufer, Wassertreter, Triele, Brachseeschwalben und Rennvögel, Möwen und Seeschwalben, Alken, Flughühner, Tauben, Kuckucke, Eulen, Ziegenmelker, Segler, Eisvögel, Bienenfresser, Racken, Hopfe, Spechte, Lerchen, Schwalben, Pirole, Rabenvögel, Meisen, Kleiber, Baumläufer, Zaunkönige, Wasseramseln, Drosseln, Grasmücken, Goldhähnchen, Fliegenschnäpper, Braunellen, Pieper und Stelzen, Seidenschwänze, Würger, Stare, Finken und Ammern, Sperlinge und Schneefinken.

Zum Schluß noch einige Hinweise, wie man trotz des Stacheldrahtes, der das Vogelparadies vor Zudringlichen schützt, zu guten Vogelbeobachtungen kommen kann. Daß man dazu ein gutes Fernglas braucht, ist klar. Denn alle Beobachtungen müssen von Wegen und Straßen aus erfolgen. So empfiehlt es sich, von

Bilder 50 und 51. Rechts oben: Hier fliegt ein Seidenreiher (*Egretta garzetta*) über dem Brutgebiet, einem Pinienwald bei Aigues Mortes. — Rechts unten: Einer der knallbunten Bienenfresser (*Merops apiaster*), die sich in die Uferwände am Vaccarès ihre Bruthöhlen graben.

April bis Anfang Juni die Reisfelder an den Grenzen des Reservats abzusuchen; man findet dort regelmäßig Sumpf- und Wasservögel (Seeschwalben, Stelzenläufer, Reiher und Limikolen aus dem Norden). Am frühen Morgen, etwa zwei Stunden nach Sonnenaufgang, ist die beste Beobachtungszeit. Wer Flamingos in großer Zahl im Fluge sehen will, stellt sich am besten vor Sonnenaufgang bei „Clos Desclaux" (Sie haben doch eine gute Spezialkarte?) im Südosten des Deltas auf und wartet auf den Anflug der in den Salinen von Giraud nächtigenden Vogelscharen, die morgens und abends hier in geringer Flughöhe vorbeikommen.
Zur Reiherbeobachtung (Seidenreiher, Rallenreiher, Nachtreiher) wendet man sich am besten an die allbekannte Familie Novi in Aigues Mortes, die die Aufsicht über eine große Brutkolonie in einem Pinienwald hat und Besucher (gegen feste Foto- und Filmtaxe) einläßt und führt. In diesem Wald werden fast alle Brutaufnahmen von Reihern gemacht, die man in Filmen und Büchern sieht. Der Besucher hat als zusätzliche Buße allerdings den Angriff von Myriaden von Stechmücken auszuhalten. Die Stiche halten sich — ich habe es erprobt — über drei Wochen und brennen wie Feuer.
Empfehlen möchte ich auch einen Besuch im kleinen Heimatzoo, der kurz vor Saintes Maries liegt und sich nach langen Jahren drangvoller Enge nun wesentlich vergrößert hat. In den Gehegen dieses Etablissements sind viele Vögel versammelt, die in der Camargue leben und die man niemals sonst so bequem von der Nähe betrachten und auch fotografieren kann. Schon wegen dieser Foto-Möglichkeit erfüllt dieser Zoo eine wichtige Funktion: Er verschafft allen auf Beute erpichten Naturfotografen jene Bilder, die in der freien Wildbahn nur durch brutalen Einbruch in die abgesperrten Gebiete möglich wären. Es wäre zu wünschen, daß noch viele andere Naturschutzgebiete Europas, die das Betreten der „kritischen Zonen" dem Publikum untersagen müssen, durch die Schaffung eines Schau- und Foto-Zoos die Besucher befriedigen und die wildlebenden Tiere vor unnötigen Störungen bewahren würden. Was diesen Camargue-Zoo anbetrifft, so wäre nur noch ein kurzes kritisches Wort angebracht: Wir besuchen ihn seit seiner Gründung so alle zwei Jahre und kennen uns in ihm recht gut aus. Als wir 1977 das letzte Mal dort waren, waren wir etwas erschrocken, weil er ganz plötzlich einen etwas verlotterten Eindruck machte. Auch fehlten nicht wenige Vögel, die wir noch das Jahr zuvor in den Gehegen gesehen hatten. Wir hoffen nur, daß das Unternehmen bald seinen alten Standard wiedergewinnt und sein vergrößertes Areal, vor allem den großen neuen See, mit Leben erfüllt.

Bild 52. Die „Sansouire" nennt man diese salzigen Lagunen mit halophilen (salzliebenden) Pflanzen. Sansouire heißt soviel wie lautlos. Im Salzwasser leben nämlich keine Frösche, die mit ihrem Quaken sonst die Luft erfüllen.

Jetzt haben wir ein geschlagenes Kapitel lang fast nur von der Avifauna der Camargue geredet und haben uns vor lauter Vögelein noch nicht intensiv mit den Säugetieren (etwa dem Rhone-Biber), den Reptilien (so dem in den Dünen vorkommenden Sandläufer *Psammodromus hispanicus*), den Insekten (vielleicht dem Pillendreher) oder den Lurchen (der trillernden Kreuzkröte) befaßt. Aber wo wäre da ein Ende?

Ich möchte zum Schluß nur noch ein Camargue-Tier anführen, das es mir selbst angetan hat und das ich schon jahrzehntelang suche, ohne ihm begegnet zu sein. Dabei weiß ich, daß es vorkommt — ich habe schon mehrere Fotos von ihm gesehen. Man kann der Camargue soviel „typische" Tiere zuteilen, wie man will: Stiere, wilde Pferde, Flamingos kommen auch in Andalusien vor, Reiher und Löffler am Neusiedler See oder im Donau-Delta — aber ein kleiner Froschlurch, ein ganz besonderer, der lebt auf der ganzen Welt nur am Etang de Vaccarès im Herzen der Camargue. Es ist eine Farbvarietät des Mittelmeerlaubfrosches *Hyla arborea meridionalis,* der sich vom deutschen Laubfrosch dadurch unterscheidet, daß die dunkle Binde an den Flanken bei ihm nicht vorhanden ist und er nur ein dunkles, kurzes Augenband trägt. Auch quakt er anders, nicht so preußisch-zackig wie unser deutscher Laubfrosch, sondern langsamer, gedehnter, so als wäre ihm die letzte Mücke nicht so recht bekommen.

Nun gibt es natürlich diesen Mittelmeerlaubfrosch (es ist jener, der jedes Frühjahr zu Zigtausenden exportiert wird und unsere Zoohandlungen bevölkert) in Massen und nicht nur in der Camargue. Ich meine den grünen, den ganz gewöhnlichen.

Am Vaccarès lebt aber unter etwa tausend grünen Kollegen ein Laubfrosch, der — strahlend himmelblau ist, und diese Farbe (auch im Gegensatz zu den grünen Laubfröschen) niemals wechselt. Für mich ist der himmelblaue Laubfrosch das Wappentier der Camargue, und ich werde solange ins Rhone-Delta fahren, bis ich ihn leibhaftig gesehen habe.

Deshalb eine Bitte an Sie, lieber künftiger Provence- und Camargue-Fahrer: Sollten Sie — es gibt ja irre Zufälle — einen himmelblauen Laubfrosch finden — denken Sie da an mich?

Sachregister